GRAMMAIRE

FRANÇAISE.

On trouve chez le même Libraire :

GRAMMAIRE LATINE de Lhomond, revue par Aynès, quatrième édition, 1810.

LE DISCIPLE DE LHOMOND *ou* Cours de thêmes, selon les règles de la Grammaire latine ci-dessus, par M. B** *in*-12. 1808.

GRAMMAIRE
FRANÇAISE
DE LHOMOND,

Revue par F. D. AYNÈS.

HUITIÈME ÉDITION.

A LYON;

Chez RUSAND, Imprimeur-Libraire, rue Mercière, N.° 26.

1815.

AVIS
DE LA SECONDE ÉDITION.

NOTRE but, en donnant une Édition de la Grammaire française de Lhomond, avoit été d'en adapter tous les principes et toutes les règles à ceux de l'Académie, dont Lhomond n'avoit pas strictement suivi l'orthographe. Nous avons profité de l'occasion, pour éclaircir quelques points de Grammaire, difficiles au premier abord; et pour compléter quelques chapitres laissés imparfaits par l'Auteur. Le succès de la première Edition nous a convaincus que le Public nous savoit gré de nos petites observations, et nous avons conclu, que le meilleur moyen de nous reconnoître de son indulgence, étoit de faire de nouveaux efforts pour le satisfaire.

L'Édition que nous lui offrons aujourd'hui a été revue avec le plus grand soin, et nous avons mis à contribution tous les avis de personnes éclairées que nous avons pu recueillir. Peut-être trouvera-t-on que nous avons été, cette fois, moins esclaves de l'ordre établi par Lhomond; mais nous pensons, que l'on ne nous accusera pas pour cela de désordre. Il convenoit d'établir le plus grand rapport, entre la Grammaire française et la latine que l'on voit ensemble dans tous les Collèges bien organisés. Il convenoit aussi de renvoyer à un chapitre particulier, les questions les plus difficiles qui peuvent se rencontrer dans chaque partie du discours; afin de ne pas interrompre la série des principes généraux, par lesquels on commence à fixer l'attention de la Jeunesse.

On nous reprochoit d'avoir supprimé le mode *conditionnel*, adopté par l'Auteur pour les conjugaisons françaises; nous ne l'avons pas rétabli, il est vrai, parce que nous ne voulons, et en français et en latin, que quatre modes dans les verbes; mais le présent et le parfait conditionnels ont été placés à la suite des futurs, comme dans les anciennes éditions de Lhomond.

On nous louoit d'avoir réduit à deux règles générales tous les principes que les Grammairiens ont donnés sur les participes; mais on trouvoit que nous n'avions pas développé ces règles en Grammairiens exacts. Bien plus, on nous a reproché d'avoir décidé, dans certains exemples, d'une manière contradictoire à nos principes. Nous avons fait notre possible pour ne plus mériter les reproches des uns et des autres, et nous croyons, dans les Chapitres VI et XII, avoir donné à nos Lecteurs le moyen de répondre d'une manière satisfaisante à toutes les questions qui peuvent être faites sur cet objet. Tous les volumes qu'on a publiés sur le Participe, ne servent guères qu'à embrouiller les idées des Jeunes gens. Une ou deux règles, clairement énoncées, valent mieux que toutes les subtilités grammaticales dont on les accable jusques dans les journaux.

Bien des personnes comparent la Grammaire de Lhomond à un abrégé de Restaut, ou de Wailly; parce qu'elles sont accoutumées à juger du mérite d'un livre par son volume. Qu'elles soient donc détrompées : la Grammaire française de Lhomond, quoique plus petite qu'un grand nombre d'autres, n'en contient pas moins tout ce qu'il est nécessaire de savoir; je ne dis pas pour connoître à fond la Langue française, (ce n'est guère avec les Grammaires que l'on se perfectionne dans une langue,) mais pour être en état d'étudier ensuite et le génie et le caractère de notre Langue. Elle est surtout suffisante pour la Jeunesse à qui elle est spécialement consacrée.

Nous avons terminé cette seconde Édition, par une notion très-succincte de la versification française, non pas que nous voulions ici donner toutes les règles de la poésie; mais c'est uniquement pour que les Jeunes gens prennent une idée de la différence qui se trouve entre la poésie et la prose.

GRAMMAIRE FRANÇAISE.

INTRODUCTION.

Des Lettres et des Syllabes.

LA Grammaire est l'art de parler et d'écrire correctement. Pour parler et pour écrire on emploie des mots : les mots sont composés de syllabes, et les syllabes sont composées de lettres.

Il y a deux sortes de lettres, les *voyelles* et les *consonnes.*

Les voyelles sont : *a*, *e*, *i*, *o*, *u* et *y*. On les appelle *voyelles*, parce que seules elles forment une voix, un son.

Il y a trois sortes d'*e*; *e* muet, *é* fermé, *è* ouvert.

L'*e muet*, comme à la fin de ces mots, *homme*, *monde* : on l'appelle muet, parce que le son en est sourd et peu sensible.

L'*é fermé*, comme à la fin de ces mots, *bonté*, *café* : on l'appelle fermé parce qu'il se prononce la bouche presque fermée.

L'*è ouvert*, comme dans ces mots, *modèle*, *succès*, etc.

On pourroit ajouter l'ê *très-ouvert*, marqué d'un accent circonflexe, comme dans *tempête*, *emblême*.

L'*y* grec s'emploie le plus souvent pour deux *i*, comme dans *pays*, *moyen*, *royaume* : prononcez *pai-is*, *moi-ien*, *roi-iaume*.

Quand cette lettre n'est pas employée pour deux *i*, comme dans *physique*, *chyle*, *etc.* elle ne diffère pas de la simple voyelle *i*.

Il y a dix-neuf consonnes, savoir : *b*, *c*, *d*, *f*, *g*, *h*, *j*, *k*, *l*, *m*, *n*, *p*, *q*, *r*, *s*, *t*, *v*, *x*, *z*. Ces lettres s'appellent *consonnes*, parce qu'elles ne forment un son qu'avec le secours des voyelles, comme : *ba*, *be*, *bé*, *bè*, *bi*, *bo*, *bu*, *da*, *de*, *dé*, *dè*, *di*, *do*, *du*, *etc.*

La lettre *h* ne se prononce pas dans certains mots, tels que l'*homme*, l'*honneur*, *etc.* on prononce comme s'il y avoit, l'*omme*, l'*onneur* : alors on l'appelle *h muet*.

Mais dans les mots suivans, la *haine*, le *hameau*, le *héros* ; la lettre *h* fait prononcer du gosier la voyelle qui suit : alors on l'appelle *h aspiré*. Ainsi l'on écrit et l'on prononce séparément les deux mots, *la haine*, et non pas *l'haine* : *les héros*, et non pas comme s'il y avoit *les zhéros*.

On appelle *Syllabe* une ou plusieurs lettres qui, dans un mot, se prononcent en une seule émission de voix. Ainsi le mot *charité* a trois syllabes, *cha-ri-té* ; le mot *avarice* en a quatre, *a-va-ri-ce*.

Un *monosyllabe* est un mot d'une seule syllabe, comme *Dieu*, *roi*, *etc.*

Des Voyelles longues et brèves.

Les voyelles longues sont celles sur lesquelles on appuie plus long-temps que sur les autres, en les prononçant.

Les voyelles *brèves* sont celles sur lesquelles on appuie moins long-temps.

Par exemple, *a* est long dans *pâte* pour faire du pain ; il est bref *dans patte d'animal.*

e est long dans *tempête*, et il est bref dans *trompette.*

i est long dans *gîte*, et bref dans *petite.*

o est long dans *apôtre*, et bref dans *dévote.*

u est long dans *flûte*, et bref dans *butte.*

Pour marquer les différentes sortes d'*e* et les voyelles longues, on emploie trois petits signes que l'on appelle *accens*, savoir : l'accent aigu (´) qui se met sur les *é* fermés, *bonté* : l'accent grave (`) qui se met sur les è ouverts, *accès ;* et l'accent circonflexe (^) qui se met sur la plupart des voyelles longues, *apôtres.*

L'accent circonflexe ne se borne pas à indiquer une voyelle longue, il désigne en outre qu'il y a eu dans le mot suppression d'une lettre ; car si l'on met un accent circonflexe sur l'*ô* et l'*î* dans les mots *apôtre* et *épître*, c'est qu'autrefois on écrivoit *apostre*, *épistre*.

Tout *e ouvert* n'est pas surmonté d'un accent grave; il faut pour cela qu'il soit la dernière lettre de la syllabe, non-seulement dans l'écriture, mais encore dans la prononciation. Ainsi dans les mots *perte*, *sexe*, le premier *e*, quoique ouvert, ne prend point d'accent, parce qu'en écrivant le premier mot, on épèle *per-te*, et qu'en prononçant le dernier, on l'exprime comme s'il y avoit *sec-se*. Par où l'on voit que dans *perte*, c'est la lettre *r* qui termine la première syllabe; et dans le mot *sexe*, c'est le son du *c* qui est censé finir la première syllabe. Il en est de même du mot *exemple*, qui se prononce *eg-zem-ple*.

En général, toutes les fois que l'*é* se fait sentir dans la prononciation, il faut le marquer par un accent, quand il finit la syllabe où il se trouve. Ainsi l'on doit écrire *remède*, *dernière*, *père*, avec un accent grave sur l'avant dernier *e*. Lorsque le mot finit en *ége*, il faut y substituer l'accent aigu, comme dans *privilége*, *collége*.

Pour bien connoître quand la lettre *e* se trouve la dernière de la syllabe, il faut savoir épeler, c'est-à-dire, assembler les syllabes des mots, l'une après l'autre. Or deux règles suffisent pour cela.

I.re RÈGLE. Toute consonne isolée dans la composition d'un mot, appartient à la voyelle qui suit, et non à la voyelle précédente; comme *re-mè-de*, *oi-seau*, *a-mi-tié*.

II.me RÈGLE. Deux consonnes qui se suivent dans un mot, doivent se partager entre la voyelle qui précède et celle qui suit; comme *bon-té*, *pen-te*, *ap-pel-le*, *em-me-ner*, *per-le.*

Si la seconde consonne est *l*, *r* ou *h*, elles appartiennent toutes les deux à la voyelle suivante. Exemples : *Rè-gle*, *siè-cle*, *naî-tre*, *ma-thé-ma-ti-ques.*

Des parties du Discours.

Il y a en français dix sortes de mots, qu'on appelle *les parties du discours* ; savoir : le *nom*, l'*article*, l'*adjectif*, le *pronom*, le *verbe*, le *participe*, l'*adverbe*, la *préposition*, la *conjonction* et l'*interjection.*

Le *Nom* est un mot qui sert à nommer une personne ou une chose, comme *Pierre*, *Paul*, *livre*, *chapeau*, *etc.*

L'*Article* est un petit mot que l'on met ordinairement devant les noms, comme, *le*, *la*, *les*. *Le* papier, *la* plume, *les* livres.

L'*Adjectif* est un mot que l'on ajoute au nom pour marquer la qualité d'une personne ou d'une chose, comme *bon* père, *bonne* mère; *beau* livre, *belle* image.

Le *Pronom* est un mot qui tient la place du nom. Lorsqu'en parlant d'un enfant je dis : *Il est sage*, le mot *il* tient la place d'*enfant*; c'est un pronom.

Le *Verbe* est un mot dont on se sert pour marquer que l'on est, ou que l'on fait quelque chose. Ainsi le mot *être*, *je suis*, est un verbe ; le mot *lire*, *je lis*, est un verbe.

Le *Participe* est un mot qui tient du verbe et de l'adjectif, comme *étant*, *lisant*, *aimé*, *estimé*.

L'*Adverbe* est un mot qui se joint ordinairement au verbe ou à l'adjectif, pour en déterminer la signification ; comme quand je dis : *Cet enfant se conduit sagement*, le mot *sagement* détermine et marque la manière dont *cet enfant se conduit*.

La *Préposition* est un mot qui sert à marquer le rapport d'un nom, ou d'un pronom, ou d'un verbe, au mot qui précède. Quand je dis, *le fruit* de *l'arbre*, *de* marque le rapport qu'il y a entre *fruit* et *arbre* ; ainsi *de* est une préposition.

La *Conjonction* est un mot qui sert à joindre une phrase à une autre phrase. Par exemple, quand on dit : *Il pleure* et *il rit en même temps*, ce mot *et* joint la première phrase *il pleure* avec la seconde *il rit* ; c'est une conjonction.

L'*Interjection* est un mot dont on se sert pour exprimer les mouvemens subits de l'ame, tels que la joie, la douleur, etc. *Ah ! hélas ! etc.*

Plusieurs mots réunis ensemble, de manière à former un sens, font ce qu'on appelle une *Phrase*. *Le soleil éclaire la terre*, voilà une phrase. *Le temps de la jeunesse passe rapidement*, voilà une autre phrase.

CHAPITRE PREMIER.

PREMIÈRE ESPÈCE DE MOTS.

Le Nom.

Du Nom en général.

LE *Nom* est un mot qui sert à nommer une personne ou une chose, comme, *Pierre*, *Paul*, *livre*, *chapeau*.

Il y a deux sortes de noms, le nom *commun* et le nom *propre*.

Le nom *commun* est celui qui convient à plusieurs personnes, ou à plusieurs choses semblables : *homme*, *cheval*, *maison*, sont des noms communs; car le nom *homme* convient à Pierre, à Paul, etc.

Le nom *propre* est celui qui ne convient qu'à une seule personne ou à une seule chose, comme *Adam*, *Eve*, *Paris*, *la Seine*.

Du genre et du nombre des Noms.

Il y a en français deux genres, le *masculin*, et le *féminin*. Les noms d'homme ou de mâle sont du genre masculin, comme un *roi*, un *lion*; les noms de femme ou de femelle sont du genre féminin, comme une *reine*, une *lionne*. Ensuite, par imitation, l'on a donné le genre masculin ou le genre féminin à des choses qui ne sont ni mâles, ni femelles, comme un *livre*, une *table*, le *soleil*, la *lune*.

Il y a deux nombres, le *singulier* et le *pluriel* ; le singulier, quand on parle d'une seule personne ou d'une seule chose, comme un *homme*, un *livre* ; le pluriel, quand on parle de plusieurs personnes ou de plusieurs choses, comme les *hommes*, les *livres*.

De la formation générale du pluriel des Noms.

RÈGLE. Pour former le pluriel des noms, ajoutez *s* à la fin du singulier : la *loi*, les *lois* ; la *reine*, les *reines* ; le *livre*, les *livres* ; la *maison*, les *maisons*.

Exceptions à la règle de la formation du pluriel.

1.re EXCEPTION. Les noms terminés au singulier, par *s*, *x*, *z*, n'ajoutent rien au pluriel : le *fils*, les *fils* ; le *nez*, les *nez* ; la *voix*, les *voix*.

2.e EXCEPTION. Si le singulier est terminé par *ant* ou *ent*, on forme le pluriel en mettant un *s* à la place du *t* final ; le *serment*, les *sermens* ; un *diamant*, des *diamans*. Cependant les monosyllabes conservent le *t* au pluriel : le *vent*, les *vents* ; un *gant*, des *gants*.

3.e EXCEPTION. Les noms terminés au singulier par *au*, *eu*, *ou*, prennent un *x* au pluriel : le *bateau*, les *bateaux* ; le *feu*, les *feux* ;

le *chou*, les *choux*. Cependant les six noms suivans, *trou*, *clou*, *filou*, *matou*, *licou*, *loup-garou*, prennent un *s* selon la règle générale.

4.e EXCEPTION. La plupart des noms terminés, au singulier, par *al*, *ail*, font leur pluriel en *aux*; le *mal*, les *maux*; le *cheval*, les *chevaux*; le *travail*, les *travaux*. Mais *détail*, *épouvantail*, *portail*, *gouvernail*, *éventail*, font *détails*, *etc.*, suivant la règle générale. *Aïeul*, *ciel*, *œil*, font au pluriel, *aïeux*, *cieux*, *yeux*. On dit cependant des *ciels de lits* ou *de tableau*, des *œils de bœuf* (petite fenêtre ovale), des *travails* pour ferrer les chevaux vicieux.

Nous parlerons, dans le Chapitre XII, des Noms qui ont deux genres; de ceux qui n'ont point de pluriel, et de ceux enfin qui n'ont point de singulier.

Du régime des Noms.

Les noms peuvent avoir un *régime*. Le *régime* d'un nom est le mot qui répond à la question *de qui?* ou *de quoi?* faite avec le nom.

Exemples:

Le fruit de l'arbre. Le fruit de quoi? Réponse, *de l'arbre. Arbre* est régime de fruit.

Le livre de Pierre. Le livre de qui? *de Pierre. Pierre* est le régime de *livre*.

Le désir de travailler. — L'envie de jouer.

On voit qu'il y a une préposition entre le nom et le régime.

CHAPITRE II.

Deuxième espèce de Mots.

L'Article.

L'Article est un petit mot que l'on met devant les noms communs, et qui en fait connoître le genre et le nombre.

Nous n'avons qu'un article *le*, *la*, au singulier; *les* au pluriel. *Le* se met devant un nom masculin singulier: *le père*. *La* se met devant un nom féminin singulier : *la mère*. *Les* se met devant les noms pluriels, soit masculins, soit féminins : *les pères*, *les mères*.

Ainsi l'on connoît qu'un nom est du genre masculin quand on peut mettre *le* devant ce nom; on connoît qu'un nom est du genre féminin quand on peut mettre *la*.

Remarques sur l'Article.

1.re Remarque. On retranche *e* dans l'article *le*, on retranche *a* dans l'article *la*, lorsque le mot suivant commence par une voyelle ou un *h* muet. Ainsi l'on dit *l'argent* pour *le argent; l'histoire*, pour *la histoire;* mais alors, à la place de la lettre retranchée, on met cette petite figure (') qu'on appelle *apostrophe*.

2.ᵉ REMARQUE. Souvent les articles sont précédés de l'une des prépositions *de* ou *à*. Alors, au lieu de mettre *de le* devant un nom masculin singulier qui commence par une consonne, on met *du*; au lieu de *à le* on met *au*.

Devant un nom pluriel, *de les* se change en *des*; *à les* se change en *aux*.

Exemples :

SINGULIER MASCULIN.

Le Roi.
Palais *du* Roi, pour *de le* Roi.
J'obéis *au* Roi, pour *à le* Roi.

PLURIEL MASCULIN.

Les Rois.
Palais *des* Rois, pour *de les* Rois.
J'obéis *aux* Rois, pour *à les* Rois.

PLURIEL FÉMININ.

Les Reines.

Des Reines, pour *de les* Reines.
Aux Reines, pour *à les* Reines.

Au contraire, *de* et *à* devant *la* ne se changent jamais.

SINGULIER FÉMININ.

La Reine.

De la Reine.

A la Reine.

CHAPITRE III.

TROISIÈME ESPÈCE DE MOTS.

L'Adjectif.

De l'Adjectif en général.

L'ADJECTIF est un mot que l'on ajoute au nom, pour marquer la qualité d'une personne ou d'une chose, comme *bon* père, *bonne* mère; *beau* livre, *belle* image. Ces mots *bon*, *bonne*, *beau*, *belle*, sont des adjectifs joints aux noms *père*, *mère*, *etc.*

On connoît qu'un mot est adjectif, quand on peut y joindre le mot *personne* ou *chose* : ainsi *habile*, *agréable*, sont des adjectifs, parce qu'on peut dire, *personne habile*, *chose agréable.*

Les adjectifs ont les deux genres, *masculin* et *féminin.* Cette différence de genre se marque ordinairement par la dernière lettre.

De la formation du féminin des Adjectifs.

RÈGLE GÉNÉRALE. Quand un adjectif ne finit point par un *e* muet, on y ajoute un *e* muet pour former le féminin : *Prudent*, *prudente*; *saint*, *sainte*; *méchant*, *méchante*; *petit*, *petite*; *grand*, *grande*; *poli*, *polie*; *vrai*, *vraie*, *etc.*

Puisque le féminin se forme en ajoutant

un *e*, donc en ôtant cet *e* on doit retrouver le masculin. Ainsi, sachant que l'on dit : Une pomme *verte*, une poire *crue*, une tête *nue*, une personne *polie*, *etc*, on verra que le masculin de ces adjectifs est *vert*, *cru*, *nu*, *poli*, *etc.*

Exceptions à la règle de la formation du féminin.

1.re EXCEPTION. Les adjectifs suivans, *cruel*, *pareil*, *ancien*, *bon*, *gras*, *gros*, *nul*, *net*, *sot*, *épais*, *etc.*, doublent, au féminin, leur dernière consonne avec l'*e* muet: *cruelle*, *pareille*, *ancienne*, *bonne*, *grasse*, *grosse*, *nulle*, *nette*, *sotte*, *épaisse*, *etc.*

Beau, *nouveau* et *fou*, font au féminin, *belle*, *nouvelle*, *folle*, parce qu'au masculin, on dit aussi, *bel*, *nouvel*, *fol*, devant une voyelle ou un *h* muet; *bel oiseau*, *nouvel appartement*, *fol entêtement.*

2.e EXCEPTION. *Blanc*, *franc*, *sec*, *frais*, font au féminin, *blanche*, *franche*, *sèche*, *fraîche.*

Public, *caduc*, font *publique*, *caduque*; *grec* fait *grecque.*

3.e EXCEPTION. Les adjectifs *bref*, *neuf*, *naïf*, font au féminin, *brève*, *neuve*, *naïve*, en changeant *f* en *v*. — *Long* fait *longue.*

4.e EXCEPTION. *Malin*, *bénin*, font *maligne*, *bénigne.*

5.e EXCEPTION. Les adjectifs en *eur* ont ordinairement leur féminin en *euse* : *trompeur*, *trompeuse* ; *parleur*, *parleuse* ; *chanteur*, *chan-*

teuse. Cependant, *pécheur* fait *pécheresse*, *acteur* fait *actrice*; *protecteur*, *protectrice*; *directeur*, *directrice*.

6.ᵉ EXCEPTION. Les adjectifs terminés en *x*, se changent en *se* : *dangereux*, *dangereuse*; *honteux*, *honteuse*; *jaloux*, *jalouse*, *etc.* Cependant *doux* fait *douce*; *roux* fait *rousse*.

De la formation du pluriel des Adjectifs.

Le pluriel, dans les adjectifs, se forme comme dans les noms, en ajoutant *s* à la fin : *bon*, *bonne*; au pluriel, *bons*, *bonnes*, *etc.*

Mais la plupart des adjectifs qui finissent par *al*, n'ont pas de pluriel masculin, comme *filial*, *fatal*, *frugal*, *pascal*, *pastoral*, *naval*, *trivial*, *vénal*, *littéral*, *conjugal*, *austral*, *boréal*, *final*. On tolère cependant *fatals* au pluriel.

De l'accord des Adjectifs.

RÈGLE PREMIÈRE. Tout adjectif doit être du même genre et du même nombre que le nom auquel il se rapporte.

Exemples :

Le bon père, *la bonne mère*. *Bon* est au masculin et au singulier, parce que *père* est du masculin et du singulier : *Bonne* est au féminin et au singulier, parce que *mère* est du féminin et du singulier. — *Les beaux jardins*, *les belles fleurs*. *Beaux* est au masculin et au pluriel, parce que *jardins* est du masculin et du pluriel, etc.

Règle 2.e. Quand un adjectif se rapporte à deux noms singuliers on met cet adjectif au pluriel, parce que deux singuliers valent un pluriel : et si les deux noms sont de différens genres, on met l'adjectif au masculin.

Le roi et le berger sont égaux après la mort, et non pas *égal.*

Mon père et ma mère sont contens, et non pas *contentes.*

Exception. Si l'adjectif se rapporte à deux noms de choses inanimées, c'est-à-dire, sans vie, et qu'il les suive immédiatement, il ne s'accorde qu'avec le dernier des deux noms.

Exemple :

Il a montré un courage et une adresse étonnante.

Quant à la place que doivent occuper les adjectifs, plusieurs se mettent devant le nom, comme *beau* jardin, *grand* arbre, etc. ; d'autres se mettent après le nom, comme habit *rouge*, table *ronde*, *etc.* L'usage est le seul guide à cet égard.

Du Régime des Adjectifs. (*)

Règle. Il y a des adjectifs qui peuvent avoir un régime. Le régime d'un adjectif est le mo-

---

(*) La manière de faire accorder un mot avec un autre mot, ou de faire régir un mot par un autre mot, s'appelle la *Syntaxe ;* ainsi la syntaxe est la manière de joindre ensemble les mots d'une phrase et les phrases entr'elles. Il y a deux sortes de syntaxes ; la syntaxe d'*accord*, par laquelle un mot s'accorde avec un autre

qui répond à l'une des questions *de qui? de quoi? à qui? à quoi?* faite avec cet adjectif.

Exemples :

Digne de récompense. Digne *de quoi? de récompense. Récompense* est régime de l'adjectif *digne.*

Utile à l'homme. Utile *à qui? à l'homme. Homme* est régime de l'adjectif *utile.*

Le régime des adjectifs varie quelquefois, ainsi que nous le ferons voir au Chapitre XII. Les suivans ont ordinairement un régime fixe: savoir, pour la préposition *de : digne, indigne, capable, incapable, aise, ravi, joyeux, content, mécontent, comblé, taxé, chargé, plein, accusé, fatigué, las, contrit, enragé, fou, avide, ennuyé, libre, qualifié, furieux, dépendant, vide, etc.*; et relativement à la préposition *à : adroit, bon, beau, laid, agréable, ingénieux, contraire, opposé, conforme, semblable, pareil, porté, enclin, adonné, sujet, propre, inexorable, désagréable, agile, alerte, habile, ardent, âpre, lent, nuisible, prompt, prêt, utile, inutile, sensible, insensible, souple, aisé, facile, difficile, etc. Occupé* régit *de* et *à*. Le grand usage de la langue peut seul fixer le choix du régime.

---

en genre, en nombre, etc.; la syntaxe de *régime*, par laquelle un mot dépend d'un autre, et répond à l'une des questions *de qui? de quoi? à qui? à quoi? etc.*, faite avec cet autre mot. (*Note de Lhomond.*)

Des

Des Degrés de signification dans les Adjectifs.

On distingue, dans les adjectifs, trois degrés de signification : le *positif*, le *comparatif* et le *superlatif*.

I.

Le *Positif* n'est autre chose que l'adjectif même, comme *beau*, *belle*, *agréable*.

II.

Le *Comparatif*, c'est l'adjectif avec comparaison. Quand on compare deux choses, on trouve que l'une est ou supérieure à l'autre, ou inférieure à l'autre, ou égale à l'autre.

Pour marquer un comparatif de *supériorité*, on met *plus* devant l'adjectif; comme, *la rose est plus belle que la violette.*

Pour marquer un comparatif d'*infériorité*, on met *moins* devant l'adjectif; comme, *la violette est moins belle que la rose.*

Pour marquer un comparatif d'*égalité*, on met *aussi* devant l'adjectif; comme, *la rose est aussi belle que la tulipe.*

La conjonction *que* sert à joindre les deux choses que l'on compare.

Nous avons trois adjectifs qui expriment seuls une comparaison : *meilleur*, au lieu de *plus bon*, qui ne se dit pas; *moindre*, au lieu de *plus petit*; *pire*, au lieu de *plus mauvais*; comme : *la vertu est meilleure que la science*; *le mensonge est pire que la paresse.*

III.

Le *Superlatif*, c'est l'adjectif exprimant la qualité dans un très-haut ou très-bas degré, ou bien dans le plus haut ou le plus bas degré. Il y a deux sortes de superlatifs, l'*absolu* et le *relatif*.

Pour former le superlatif *absolu*, on met *très* où *fort*, ou *bien*, devant l'adjectif; comme: *Paris est une très-belle ville, une bien belle ville, une fort belle ville.*

Pour former le superlatif *relatif*, on met devant *plus* ou *moins*, l'un des articles *le*, *la*, *les*; *du*, *des*; *au*, *aux*; ou bien l'un des pronoms *mon*, *ma*, *mes*; *ton*, *ta*, *tes*; *son*, *sa*, *ses*; *notre*, *votre*, *leur* et *leurs*; comme: *Paris est la plus belle des villes. Voilà mon plus cher ami.*

Des Noms et Adjectifs de nombre.

Les *Noms de nombre* sont ceux dont on se sert pour compter. Il y en a de deux sortes, les noms de nombre *cardinaux* et les noms de nombre *ordinaux*. (*)

Les noms de nombre *cardinaux* marquent le nombre des choses, comme *un*, *deux*, *trois*, *cent*, *deux cents*, *mille*, *dix mille*, *etc.*

Les noms de nombre *ordinaux* marquent l'ordre ou le rang, comme *premier*, *second*, *troisième*, *vingtième*, *etc.*

(*) Les noms de nombre cardinaux devroient s'appeler adjectifs de nombre, puisqu'on peut y joindre, comme aux adjectifs, le mot *chose* ou le mot *personne*.

Il y a encore des noms de nombre qui servent à marquer une certaine quantité ; comme *une dixaine*, *une douzaine*, *etc.*

Il y en a d'autres qui marquent les parties d'un tout ; comme *la moitié*, *le tiers*, *le quart*, *etc.*

Enfin, il y en a qui servent à multiplier ; comme *le double*, *le triple*, *etc.*

CHAPITRE IV.

Quatrième espèce de Mots.

Le Pronom.

Le *Pronom* est un mot qui tient la place du nom. Si, en parlant d'un enfant, je dis : *Il est sage*, le mot *il* tient la place d'*enfant* ; c'est un pronom.

Il y a six sortes de pronoms : le pronom *personnel*, le pronom *possessif*, le pronom *démonstratif*, le pronom *relatif*, le pronom *absolu* et le pronom *indéfini*.

I. *Des Pronoms personnels.*

Les pronoms *personnels* sont ceux qui désignent les personnes. Il y a trois personnes : la première personne est celle qui parle ; la seconde personne est celle à qui l'on parle ; la troisième personne est celle de qui l'on parle.

Pronom de la première personne.

Le pronom de la première personne est des deux genres ; masculin, si c'est un homme qui parle ; féminin, si c'est une femme.

Singulier. *Je* ou *moi.* — Pluriel. *Nous.*

On dit *me* pour *moi* , *à moi.* Exemples : *Le maître* me *regarde*, c'est-à-dire, *regarde* moi. *Le maître* me *donnera un livre* , c'est-à-dire , *donnera* à moi.

On dit *nous* pour *à nous.* Exemple : *Il* nous *parle*, c'est-à-dire , *il parle* à nous.

Pronom de la seconde personne.

Il est des deux genres : masculin , si c'est à un homme que l'on parle ; féminin, si c'est à une femme.

Singulier. *Tu* ou *toi.* — Pluriel. *Vous.*

On dit *te* pour *toi*, *à toi.* Exemple : *Le maître* te *regarde* , c'est-à-dire , *regarde* toi. *Le maître* te *donnera un livre* , c'est-à-dire , *donnera* à toi.

On dit *vous* pour *à vous.* Exemple : *Je* vous *parle*, c'est-à-dire, *je parle* à vous.

REMARQUE. Par politesse on dit *vous* au lieu de *tu* au singulier : par exemple , en parlant à un enfant : Vous *êtes bien aimable.*

Pronom de la troisième personne.

Singulier masculin. *Il* ou *lui ;* fémin. *elle.*
Pluriel masculin. *Ils* ou *eux ;* fémin. *elles.*

On dit *lui* pour *à lui*, *à elle*. Exemple : *Je* lui *dois le respect*, c'est-à-dire, *je dois* à lui, à elle.

On dit *le* pour *lui*, *la* pour *elle*. Exemples : *Je* le *connois*, c'est-à-dire, *je connois* lui. *Je* la *connois*, c'est-à-dire, *je connois* elle.

On dit *les* pour *à eux*, *à elles*. Exemple : *Je* leur *dois le respect*, c'est-à-dire, *je dois* à eux, à elles.

On dit *les* pour *eux*, *elles*. Exemple : *Je* les *connois*, c'est-à-dire, *je connois* eux, elles.

Pronom réfléchi.

Il y a encore un pronom de la troisième personne, *soi*, *se*; il est des deux genres et des deux nombres. On l'appelle *pronom réfléchi*, parce qu'il marque le rapport d'une personne à elle-même.

On dit *se* pour *soi*, *à soi*. Exemples : *Il* se *flatte*, c'est-à-dire, *il flatte* soi. *Il* se *donne des louanges*, c'est-à-dire, *il donne* à soi.

Il y a donc vingt pronoms personnels ; savoir : *je*, *me*, *moi*, *nous*; *tu*, *te*, *toi*, *vous*; *il*, *ils*, *elle*, *elles*; *se*, *soi*; *lui*, *eux*, *leur*; *le*, *la*, *les*.

Remarque sur les mots en, y.

Il y a des mots qui servent de pronom :

1.° *En*, qui signifie *de lui*, *d'elle*, *d'eux*, *d'elles*; ainsi quand on dit, *j'*en *parle*, on peut entendre *je parle de lui*, *d'elle*, *d'eux*, *etc.*, selon la personne ou la chose dont le nom a été exprimé auparavant.

2.° Y, qui signifie *à cette chose, à ces choses*; comme quand on dit : *Je m'y applique*, c'est-à-dire, *je m'applique à cette chose, à ces choses.*

II. *Des Pronoms démonstratifs.*

Les Pronoms *démonstratifs* sont ceux qui servent à montrer les choses dont on parle, comme quand je dis : ce *livre*, cette *table*, je montre un livre, une table.

SINGULIER.		PLURIEL.	
Masc.	*Fém.*	*Masc.*	*Fém.*
Ce, cet,	cette.	Ces,	ces.
Celui,	celle.	Ceux,	celles.
Celui-ci,	celle-ci.	Ceux-ci,	celles-ci.
Celui-là,	celle-là.	Ceux-là,	celles-là.
Ceci.			
Cela.			

REMARQUE. On met *ce* devant les noms qui commencent par une consonne ou un *h* aspiré : Ce *château*, ce *hameau*. On met *cet* devant une voyelle ou un *h* muet : Cet *oiseau*, cet *honneur*.

III. *Des Pronoms possessifs.*

Les Pronoms *possessifs* sont ceux qui marquent la possession ou la propriété d'une chose, comme : mon *livre*, votre *cheval*, son *chapeau* ; c'est-à-dire, le livre *qui est à moi ;* le cheval *qui est à vous ;* le chapeau *qui est à lui.*

Ces pronoms sont de vrais adjectifs ; ils en ont la nature, et en suivent les lois. On en distingue de deux sortes ; savoir, ceux qui sont toujours joints à un nom, comme *mon père*, *ma mère*, *etc.*, et ceux qui n'y sont jamais joints, comme *le nôtre*, *la vôtre*, *etc.*

Pronoms possessifs joints à un nom.

SINGULIER.		PLURIEL.
Masc.	*Fém.*	*Des deux genres.*
Mon,	ma.	Mes.
Ton,	ta.	Tes.
Son,	sa.	Ses.
Notre,	notre.	Nos.
Votre,	votre.	Vos.
Leur,	leur.	Leurs.

EXCEPTION. *Mon*, *ton*, *son*, s'emploient au féminin, avant un nom qui commence par une voyelle, ou un *h* muet. On doit dire : *mon ame*, au lieu de *ma ame ; ton humeur*, au lieu de *ta humeur*.

Pronoms possessifs non joints à un nom.

SINGULIER.		PLURIEL.	
Masc.	*Fém.*	*Masc.*	*Fém.*
Le mien,	la mienne.	Les miens,	les miennes.
Le tien,	la tienne.	Les tiens,	les tiennes.
Le sien,	la sienne.	Les siens,	les siennes.
Le nôtre,	la nôtre.	Les nôtres,	les nôtres.
Le vôtre,	la vôtre.	Les vôtres,	les vôtres.
Le leur,	la leur.	Les leurs,	les leurs.

IV. *Des Pronoms relatifs.*

Les pronoms *relatifs* sont ceux qui ont rapport à un nom ou à un pronom qui est devant, dans la même phrase.

Les pronoms *relatifs* sont, *qui*, *que* et *dont*, des deux genres et des deux nombres ; *lequel*, *laquelle*, *lesquels*, *lesquelles*. Quand je dis : *Le Seigneur* qui *a créé le monde*, *qui* se rapporte à *Seigneur*. Quand je dis : *Craignons la colère de Dieu* que *nous avons méritée*, *que* se rapporte à *colère*.

Le mot auquel se rapportent les pronoms *relatifs* s'appelle *antécédent*.

Qui et *que* sont relatifs quand on peut les tourner par *lequel*, *laquelle*, *lesquelles*, *etc.*

Règle du qui *ou du* que *relatif.*

Qui ou *que relatif* s'accorde avec son antécédent, en *genre*, en *nombre* et en *personne*. Ainsi dans cet exemple : *Vous* qui *aimez l'étude*, *qui* est de la seconde personne, parce que *vous* est de la seconde personne ; il est du masculin ou du féminin, au singulier ou au pluriel, selon le genre et le nombre des personnes à qui l'on parle.

Au lieu du relatif *qui*, on est obligé, dans certains cas, de se servir de *lequel*, *laquelle*, *etc.*, que l'on fait pareillement accorder avec l'antécédent. *La paix après* laquelle *je soupire.*

Remarque. Le pronom *où* peut être classé avec les relatifs ; mais il ne se dit que des choses. Il se joint aux prépositions *de* et *par*, et forme avec elles deux autres relatifs, *d'où* et *par où*. Ces trois relatifs s'emploient pour *auquel*, *dans lequel*, *duquel*, et *par lequel*, comme : *la maison où je demeure.— Henri IV. regardoit la bonne éducation comme une chose* d'où *dépend la félicité des royaumes et des peuples. — Les lieux* par où *il a passé.*

V. *Des Pronoms absolus.*

Les pronoms *absolus* sont *qui*, *que*, *quoi*, *quel* et *où*. On les nomme ainsi quand, dans les phrases, ils n'ont aucun rapport à un nom qui précède. C'est donc l'emploi qu'on en fait qui change leur dénomination. Les pronoms absolus sont principalement d'usage. 1.° dans les phrases interrogatives, comme: Qui *a fait cela ?* Que *vous dirai-je ?* A quoi *vous amusez-vous ?* Quelle *heure est-il ?* Où *allez-vous ?* Par *où passerez-vous ?*

2.° Dans les phrases qui marquent le doute, l'incertitude et l'ignorance, etc., comme quand on dit : *J'ignore* qui *a dit cela ; je ne sais* que *faire ; je doute* quel *parti vous prendrez ; voyez* où *cela vous mène*, à quoi *vous vous exposez.*

Qui ou *que* sont absolus et non relatifs, toutes les fois qu'ils n'ont point d'antécédent, et qu'on peut les tourner par *quelle personne ?* ou *quelle chose ?*

VI. *Des Pronoms indéfinis.*

Les pronoms *indéfinis* sont ceux qui signifient d'une manière générale. Quand je dis : *On frappe à la porte :* Quelqu'un *vous appelle*, je parle d'une personne, mais je ne désigne pas quelle est la personne qui frappe ou qui appelle.

Il y a quatre sortes de pronoms *indéfinis*.

1.° Ceux qui ne se joignent jamais à un nom, comme, *on*, *quelqu'un*, *quelqu'une*, *chacun*, *chacune*, *quiconque*, *autrui*, *personne*, *rien*.

2.° Ceux qui sont toujours joints à un nom, comme, *quelque*, *chaque*, *quelconque*, *certain*, *certaine*. Exemple : Quelque *nouvelle*, certain *philosophe*.

3.° Ceux qui sont tantôt joints à un nom, et tantôt seuls, comme : *nul*, *nulle* ; *aucun*, *aucune* ; *l'un*, *l'autre* ; *même* ; *tel*, *telle* ; *plusieurs* ; *tout*, *toute*.

4.° Ceux qui sont suivis de *que*, comme : *Qui que*, *quoi que*. Exemples : Qui *que vous soyez*, quoi *que vous fassiez*, qui *que ce soit qui vienne*.

Quel que, *quelle que*. Exemples : Quel *que soit votre mérite*, quelle *que soit votre naissance*.

Quelque. . . . . . . que. Exemple : Quelques *richesses que vous ayez*.

Tout. . . . que, *toute. . . . que*. Exemples : Tout *savant que vous êtes*. *La campagne* toute *belle qu'elle est*.

De l'accord des Pronoms.

Règle. 1.° Tout pronom joint, comme adjectif, à un nom, s'accorde avec ce nom en genre et en nombre. Exemple : Cette *personne est* ma *mère*. Le pronom *cette* s'accorde avec le nom *personne* auquel il est joint : de même *ma* s'accorde avec *mère*.

2°. Tout pronom qui n'est pas joint à un nom, s'accorde en genre, en nombre et en personne, avec le mot dont il tient la place.

Exemple : *La vertu est utile aux hommes*, elle leur *donne la paix*. Les pronoms *elle* et *leur* ne sont pas joints à des noms ; mais *elle* est féminin singulier et de la troisième personne, comme le mot *vertu* dont il tient la place : *leur* s'accorde de même avec *hommes*, dont il tient la place.

Dans ces mots, *Les récompenses que j'espère*, le pronom relatif *que* s'accorde avec *récompense*, son antécédent.

CHAPITRE V.

Cinquième espèce de Mots.

Le Verbe.

Du Verbe en général.

Le *Verbe* est un mot dont on se sert pour exprimer que l'on est, ou que l'on fait quelque chose. Ainsi le mot *être*, *je suis*, est un verbe ; les mots *lire* , *je lis* ; *parler*, *je parle* , sont des verbes (*).

On connoît un verbe , en français, quand on peut y ajouter ces pronoms , *je* , *tu* , *il* ; *nous* , *vous* , *ils* : comme , *je lis* , *tu lis* , *il lit* ; *nous lisons* , *vous lisez* , *ils lisent.*

Des personnes , nombres , temps , modes et conjugaisons des Verbes.

I.

Il y a trois personnes dans les verbes.

Les pronoms, *je* , *nous* , marquent la première personne , c'est-à-dire , celle qui parle ; *tu* , *vous* , marquent la seconde personne , c'est-à-dire , celle à qui l'on parle ; *il* , *elle* , *ils* , *elles* , et tout nom placé devant un verbe , marquent la troisième personne , c'est-à-dire , celle de qui l'on parle.

I I.

Il y a dans les verbes , deux nombres , le *singulier* , quand il est question d'une seule personne : *je lis* , *tu vois* , *l'enfant dort* ; le *pluriel* , quand il est question de plusieurs personnes : *nous lisons* , *vous voyez* , *les enfans dorment.*

(*) A proprement parler , il n'y a qu'un seul verbe , qui est *Être*. Tous les autres peuvent se réduire à un adjectif accompagné du verbe *être*. *Je lis* , *il languissoit* , *vous vivez* , signifient , *je suis lisant* , *il étoit languissant* , *vous êtes vivant* , etc.

III.

Il y a trois *temps* principaux, auxquels tous les autres temps peuvent se rapporter : le *présent*, qui marque que la chose est ou se fait actuellement ; comme, *je lis :* le *passé*, qui marque que la chose a existé ou a été faite ; comme, *j'ai lu :* le *futur*, qui marque que la chose sera ou se fera ; comme, *je lirai*.

Parmi les temps, il y en a qui servent à former les autres : on les appelle *formateurs* ou *primitifs*.

On distingue encore, parmi les temps, des temps simples, c'est-à-dire, d'un seul mot, comme *j'aime ;* et des temps composés de plusieurs mots ; comme *j'ai aimé*, *j'avois aimé*.

On trouvera ci-après, Art. VII du Chap. XII, l'explication de tous les temps.

IV.

Il y a quatre *modes* ou manières d'exprimer ce que les verbes français signifient.

1.° L'*Indicatif*, quand on affirme simplement que la chose est, ou qu'elle a été, ou qu'elle sera, ou qu'elle seroit, ou qu'elle auroit été.

2.° L'*Impératif*, quand on commande, ou que l'on conseille de la faire.

3.° Le *Subjonctif*, quand on souhaite, ou que l'on doute qu'elle se fasse.

4.° L'*Infinitif*, qui exprime l'action ou l'état en général, sans nombre, ni personne ; comme *lire*, *être*.

V.

Conjuguer, c'est réciter de suite les différens modes d'un verbe, avec tous leurs temps, leurs nombres et leurs personnes.

Il y a en français quatre *conjugaisons* différentes, que l'on distingue par la terminaison de l'infinitif.

La première conjugaison a l'infinitif terminé en *er*; comme *aimer*.

La seconde a l'infinitif terminé en *ir*; comme *finir*.

La troisième a l'infinitif terminé en *oir*; comme *recevoir*.

La quatrième a l'infinitif terminé en *re*; comme *rendre*.

Des Verbes auxiliaires.

Il y a deux verbes que l'on nomme *auxiliaires*, parce qu'ils aident à conjuguer tous les autres. Ce sont le verbe *Avoir* et le verbe *Être*.

Verbe auxiliaire AVOIR.

INDICATIF.

	PRÉSENT. *Maintenant*,	IMPARFAIT. *Autrefois*
Sing.	J'ai.	J'avois.
	Tu as.	Tu avois.
	Il *ou* elle a.	Il avoit.
Plur.	Nous avons.	Nous avions.
	Vous avez.	Vous aviez.
	Ils *ou* elles ont.	Ils avoient.

PARFAIT DÉFINI (1).

Hier, la semaine dernière.

J'eus.
Tu eus.
Il eut.
Nous eûmes.
Vous eûtes.
Ils eurent.

PARFAIT INDÉFINI.

Ce matin,

J'ai eu.
Tu as eu.
Il a eu.
Nous avons eu.
Vous avez eu.
Ils ont eu.

PARFAIT ANTÉRIEUR.

Quand

J'eus eu.
Tu eus eu.
Il eut eu.
Nous eûmes eu.
Vous eûtes eu.
Ils eurent eu.

PLUS-QUE-PARFAIT.

Avant telle époque,

J'avois eu.
Tu avois eu.
Il avoit eu.
Nous avions eu.
Vous aviez eu.
Ils avoient eu.

FUTUR.

Demain,

J'aurai.
Tu auras.
Il aura.
Nous aurons.
Vous aurez.
Ils auront.

FUTUR PASSÉ.

Quand telle chose arrivera,

J'aurai eu.
Tu auras eu.
Il aura eu.
Nous aurons eu.
Vous aurez eu.
Ils auront eu.

PRÉSENT CONDITIONNEL.

Si telle chose existoit maintenant,

J'aurois.
Tu aurois.
Il auroit.
Nous aurions.
Vous auriez.
Ils auroient.

PARFAIT CONDITIONNEL.

Si telle chose avoit existé hier ou *ce matin,*

J'aurois eu.
Tu aurois eu.
Il auroit eu.
Nous aurions eu.
Vous auriez eu.
Ils auroient eu (2).

---

(1) On appelle parfait *défini* celui qui marque un temps entièrement passé ; exemple : *j'eus hier la fièvre.* On appelle parfait *indéfini* celui qui marque un temps dont il peut rester encore quelque partie à s'écouler ; exemple : *J'ai eu la fièvre aujourd'hui.* On appelle parfait *antérieur* celui qui marque une chose faite avant une autre ; exemple : *dès que nous eumes vu le Roi, nous partimes.*

(2) *On dit aussi :* J'eusse eu, tu eusses eu, il eût eu ; nous eussions eu, vous eussiez eu, ils eussent eu.

IMPÉRATIF.

PRÉSENT et FUTUR.

Point de première personne.
Aye.
Qu'il ait.

Ayons.
Ayez.
Qu'ils aient.

SUBJONCTIF.

PRÉSENT et FUTUR.

Il faut, il faudra, il aura fallu

Que j'aye.
Que tu ayes.
Qu'il ait.
Que nous ayons.
Que vous ayez.
Qu'ils aient.

IMPARFAIT.

Il fallut, il a fallu, il auroit fallu, il faudroit, il avoit fallu

Que j'eusse.
Que tu eusses.
Qu'il eût.
Que nous eussions.
Que vous eussiez.
Qu'ils eussent.

PARFAIT.

Il faut, il a fallu, il faudra, il aura fallu

Que j'aye eu.
Que tu ayes eu.
Qu'il ait eu.
Que nous ayons eu.
Que vous ayez eu.
Qu'ils aient eu.

PLUS-QUE-PARFAIT.

Il faudroit, il auroit fallu

Que j'eusse eu.
Que tu eusses eu.
Qu'il eût eu.
Que nous eussions eu.
Que vous eussiez eu.
Qu'ils eussent eu.

INFINITIF.

PRÉSENT.

Avoir.

PARFAIT.

Avoir eu.

PARTICIPE PRÉSENT.

Ayant.

PARTICIPE PASSÉ.

Ayant eu.

PARTICIPE FUTUR.

Devant avoir.

PARTICIPE PASSÉ PASSIF.

Eu, eue.

ÊTRE.

INDICATIF.

PRÉSENT.

Maintenant

Je suis.
Tu es.
Il *ou* elle est.
Nous sommes.
Vous êtes.
Ils *ou* elles sont.

IMPARFAIT.

Autrefois

J'étois.
Tu étois.
Il étoit.
Nous étions.
Vous étiez.
Ils étoient.

PARFAIT DÉFINI.

Hier, la semaine dernière,

Je fus.
Tu fus.
Il fut.
Nous fûmes.
Vous fûtes.
Ils furent.

PARFAIT INDÉFINI.

Ce matin, pendant ce mois

J'ai été.
Tu as été.
Il a été.
Nous avons été.
Vous avez été.
Ils ont été.

PARFAIT ANTÉRIEUR.

Quand

J'eus été.
Tu eus été.
Il eut été.
Nous eûmes été.
Vous eûtes été.
Ils eurent été.

PLUS-QUE-PARFAIT.

Avant telle époque,

J'avois été.
Tu avois été.
Il avoit été.
Nous avions été.
Vous aviez été.
Ils avoient été.

FUTUR.

Demain

Je serai.
Tu seras.
Il sera.
Nous serons.
Vous serez.
Ils seront.

FUTUR PASSÉ.

Quand telle chose arrivera,

J'aurai été.
Tu auras été.
Il aura été.
Nous aurons été.
Vous aurez été.
Ils auront été.

PRÉSENT CONDITIONNEL.

Si telle chose avoit existé,

Je serois.
Tu serois.
Il seroit.
Nous serions.
Vous seriez.
Ils seroient.

PARFAIT CONDITIONNEL.

Si telle chose avoit existé,

J'aurois été.
Tu aurois été.
Il auroit été.
Nous aurions été.
Vous auriez été.
Ils auroient été (*).

IMPÉRATIF.

PRÉSENT *ou* FUTUR.

Point de première personne.
Sois.
Qu'il soit.
Soyons.
Soyez.
Qu'ils soient.

SUBJONCTIF.

PRÉSENT OU FUTUR.

Il faut, il faudra, il aura fallu

Que je sois.
Que tu sois.
Qu'il soit.
Que nous soyons.
Que vous soyez.
Qu'ils soient.

IMPARFAIT.

Il fallut, il a fallu, il auroit fallu, il faudroit, il avoit fallu

Que je fusse.
Que tu fusses.
Qu'il fût.
Que nous fussions.
Que vous fussiez.
Qu'ils fussent.

PARFAIT.

Il faut, il a fallu, il faudra, il aura fallu

Que j'aye été.
Que tu ayes été.
Qu'il ait été.
Que nous ayons été.
Que vous ayez été.
Qu'ils aient été.

PLUS-QUE-PARFAIT.

Il faudroit, il auroit fallu

Que j'eusse été.
Que tu eusses été.
Qu'il eût été.
Que nous eussions été.
Que vous eussiez été.
Qu'ils eussent été.

(*) *On dit aussi :* J'eusse été, tu eusses été, il eût été; eussions été, vous eussiez été ; ils eussent été.

INFINITIF.

PRÉSENT.

Être.

PARFAIT.

Avoir été.

FUTUR.

Devoir être.

FUTUR PASSÉ.

Avoir dû être.

PARTICIPE PRÉSENT.

Étant.

PARTICIPE PASSÉ.

Été, ayant été.

PARTICIPE FUTUR.

Devant être.

Les quatre Conjugaisons françaises.

PREMIÈRE CONJUGAISON, EN ER.

INDICATIF.

PRÉSENT.

Temps primitif.

J'aime.
Tu aimes.
Il aime.
Nous aimons.
Vous aimez.
Ils aiment.

IMPARFAIT,

Formé du participe présent Aimant, *en changeant* ant *en* ois.

J'aim*ois*.
Tu aim*ois*.
Il aim*oit*.
Nous aim*ions*.
Vous aim*iez*.
Ils aim*oient*.

PARFAIT DÉFINI.

Temps primitif.

J'aimai.
Tu aimas.
Il aima.
Nous aimâmes.
Vous aimâtes.
Ils aimèrent.

PARFAIT INDÉFINI,

Temps composé (*).

J'ai aimé.
Tu as aimé.
Il a aimé.
Nous avons aimé.
Vous avez aimé.
Ils ont aimé.

PARFAIT ANTÉRIEUR DÉFINI,

Temps composé.

J'eus aimé.
Tu eus aimé.
Ils eut aimé.
Nous eûmes aimé.
Vous eûtes aimé.
Ils eurent aimé.

PARFAIT ANTÉRIEUR INDÉFINI,

Temps composé.

J'ai eu aimé.
Tu as eu aimé.
Il a eu aimé.
Nous avons eu aimé.
Vous avez eu aimé.
Ils ont eu aimé.

PLUS-QUE-PARFAIT,

Temps composé.

J'avois aimé.
Tu avois aimé.
Il avoit aimé.
Nous avions aimé.
Vous aviez aimé.
Ils avoient aimé.

FUTUR,

Formé du présent de l'infinitif, en changeant r *en* rai.

J'aime*rai.*
Tu aime*ras.*
Il aime*ra.*
Nous aime*rons.*
Vous aime*rez.*
Ils aime*ront.*

FUTUR PASSÉ,

Temps composé.

J'aurai aimé.
Tu auras aimé.
Il aura aimé.
Nous aurons aimé.
Vous aurez aimé.
Ils auront aimé.

PRÉSENT CONDITIONNEL,

Formé du futur de l'indicatif J'aimerai, *en changeant* rai *en* rois.

J'aime*rois.*
Tu aime*rois.*
Il aime*roit.*
Nous aime*rions.*
Vous aime*riez.*
Ils aime*roient.*

(*) Les temps composés, dans les quatre conjugaisons, se forment du participe passé passif, joint à l'un des temps du verbe Auxiliaire *Avoir.*

PARFAIT CONDITIONNEL,

Temps composé.

J'aurois aimé.
Tu aurois aimé.
Il auroit aimé.
Nous aurions aimé.
Vous auriez aimé.
Ils auroient aimé (*).

IMPÉRATIF.

PRÉSENT ou FUTUR,

Formé du présent de l'indicatif J'aime, *en ôtant le pronom* je.

Point de première personne.
Aime.
Qu'il aime.
Aimons.
Aimez.
Qu'ils aiment.

SUBJONCTIF.

PRÉSENT OU FUTUR,

Formé du participe présent Aimant, *en changeant* ant *en* e *muet.*

Que j'aim*e*.
Que tu aim*es*.
Qu'il aim*e*.
Que nous aim*ions*.
Que vous aim*iez*.
Qu'ils aim*ent*.

IMPARFAIT,

Formé du parfait défini J'aimai, *en changeant* ai *en* asse.

Que j'aim*asse*.
Que tu aim*asses*.
Qu'il aim*ât*.
Que nous aim*assions*.
Que vous aim*assiez*.
Qu'ils aim*assent*.

PARFAIT,

Temps composé.

Que j'aye aimé.
Que tu ayes aimé.
Qu'il ait aimé.
Que nous ayons aimé.
Que vous ayez aimé.
Qu'ils aient aimé.

PLUS-QUE-PARFAIT,

Temps composé.

Que j'eusse aimé.
Que tu eusses aimé.
Qu'il eût aimé.
Que nous eussions aimé.
Que vous eussiez aimé.
Qu'ils eussent aimé.

(*) *On dit aussi :* J'eusse aimé, tu eusses aimé, il eût aimé; nous eussions aimé, vous eussiez aimé, ils eussent aimé.

INFINITIF.

PRÉSENT,

Temps primitif.

Aimer.

PARFAIT,

Temps composé.

Avoir aimé.

FUTUR,

Composé du présent de l'infinitif Aimer, *et du verbe* Devoir.

Devoir aimer.

FUTUR PASSÉ,

Composé du présent de l'infinitif Aimer, *et du verbe* Devoir.

Avoir dû aimer.

PARTICIPE PRÉSENT,

Temps primitif.

Aimant.

PARTICIPE PASSÉ,

Temps composé.

Ayant aimé.

PARTICIPE FUTUR,

Composé du présent de l'infinitif Aimer, *et du verbe* Devoir.

Devant aimer.

PARTICIPE PASSÉ PASSIF,

Temps primitif.

Aimé, Aimée.

Ainsi se conjuguent les verbes *Chanter*, *Manger*, *Marcher*, *Appeler*, et les autres dont l'infinitif se termine en *er*.

OBSERVATION.

Dans cette conjugaison, ainsi que dans les suivantes, il n'y a à l'indicatif, que cinq temps simples, savoir : le *présent simple*, l'*imparfait*, le *parfait défini*, le *futur simple*, et le *présent conditionnel* : tous les autres sont formés du participe passé passif, combiné avec un temps du verbe *avoir*. Donc, lorsqu'on connoîtra bien toutes les finales de ces cinq temps, on saura conjuguer.

SECONDE CONJUGAISON, EN IR.

INDICATIF.

PRÉSENT,

Temps primitif.

Je finis.
Tu finis.
Il finit.
Nous finissons.
Vous finissez.
Ils finissent.

IMPARFAIT,

Formé du participe présent Finissant, *en changeant* ant *en* ois.

Je finiss*ois*.
Tu finiss*ois*.
Il finiss*oit*.
Nous finiss*ions*.
Vous finiss*iez*.
Ils finiss*oient*.

PARFAIT DÉFINI,

Temps primitif.

Je finis.
Tu finis.
Il finit.
Nous finîmes.
Vous finîtes.
Ils finirent.

PARFAIT INDÉFINI,

Temps composé.

J'ai fini.
Tu as fini.
Il a fini.
Nous avons fini.
Vous avez fini.
Ils ont fini.

PARFAIT ANTÉRIEUR DÉFINI,

Temps composé.

J'eus fini.
Tu eus fini.
Il eut fini.
Nous eûmes fini.
Vous eûtes fini.
Ils eurent fini.

PARFAIT ANTÉRIEUR INDÉFINI,

Temps composé.

J'ai eu fini.
Tu as eu fini.
Il a eu fini.
Nous avons eu fini.
Vous avez eu fini.
Ils ont eu fini.

PLUS-QUE-PARFAIT,

Temps composé.

J'avois fini.
Tu avois fini.
Il avoit fini.
Nous avions fini.
Vous aviez fini.
Ils avoient fini.

FUTUR,

Formé du présent de l'infinitif Finir, *en changeant* r *en* rai.

Je fini*rai*.
Tu fini*ras*.
Il fini*ra*.
Nous fini*rons*.
Vous fini*rez*.
Ils fini*ront*.

FUTUR PASSÉ,

Temps composé.

J'aurai fini.
Tu auras fini.
Il aura fini.
Nous aurons fini.
Vous aurez fini.
Ils auront fini.

PRÉSENT CONDITIONNEL,

Formé du futur de l'indicatif Je finirai, *en changeant* rai *en* rois.

Je fini*rois*.
Tu fini*rois*.
Il fini*roit*.
Nous fini*rions*.
Vous fini*riez*.
Ils fini*roient*.

PARFAIT CONDITIONNEL,

Temps composé.

J'aurois fini.
Tu aurois fini.
Il auroit fini.
Nous aurions fini.
Vous auriez fini.
Ils auroient fini (*).

IMPÉRATIF.

PRÉSENT ou FUTUR,

Formé du présent de l'indicatif Je finis, *en ôtant le pronom* je.

Point de première personne.
Finis.
Qu'il finisse.
Finissons.
Finissez.
Qu'ils finissent.

SUBJONCTIF.

PRÉSENT ou FUTUR,

Formé du participe présent Finissant, *en changeant* ant *en* e *muet.*

Que je finis*se*.
Que tu finis*ses*.
Qu'il finis*se*.
Que nous finiss*ions*.
Que vous finiss*iez*.
Qu'ils finiss*ent*.

IMPARFAIT,

Formé du parfait défini Je finis, *en ajoutant se.*

Que je finis*se*.
Que tu finis*ses*.
Qu'il fin*ît*.
Que nous finis*sions*.
Que vous finis*siez*.
Qu'ils finis*sent*.

(*) *On dit aussi :* J'eusse fini, tu eusses fini, il eût fini; nous eussions fini, vous eussiez fini, ils eussent fini.

PARFAIT

Parfait,

Temps composé.

Que j'aye fini.
Que tu ayes fini.
Qu'il ait fini.
Que nous ayons fini.
Que vous ayez fini.
Qu'ils aient fini.

Plus-que-parfait,

Temps composé.

Que j'eusse fini.
Que tu eusses fini.
Qu'il eût fini.
Que nous eussions fini.
Que vous eussiez fini.
Qu'ils eussent fini.

INFINITIF.

Présent,

Temps primitif.

Finir.

Parfait,

Temps composé.

Avoir fini.

Futur,

Composé du présent de l'infinitif Finir, *et du verbe* Devoir.

Devoir finir.

Futur passé,

Composé du présent de l'infinitif Finir, *et du verbe* Devoir.

Avoir dû finir.

Participe présent

Temps primitif.

Finissant.

Participe passé,

Temps composé.

Ayant fini.

Participe futur,

Composé du présent de l'infinitif Finir, *et du verbe* Devoir.

Devant finir.

Participe passé passif,

Temps primitif.

Fini, finie.

Ainsi se conjuguent *Avertir*, *Guérir*, *Ensevelir*, *Bénir*, etc. ; mais ce dernier a deux participes : *Bénit*, *bénite*, pour les choses consacrées par les prières des prêtres ; *béni*, *bénie*, partout ailleurs. *Haïr*, qui se conjugue aussi sur ce verbe, fait, au présent de l'indicatif, *je hais*, *tu hais*, *il hait* : on prononce *je hès*, *tu hès*, *il hèt*.

TROISIÈME CONJUGAISON, EN OIR.

INDICATIF.

PRÉSENT,

Temps primitif.

Je reçois.
Tu reçois.
Il reçoit.
Nous recevons.
Vous recevez.
Ils reçoivent

IMPARFAIT,

Formé du participe présent Recevant, *en changeant* ant *en* ois.

Je recev*ois*.
Tu recev*ois*.
Il recev*oit*.
Nous recev*ions*.
Vous recev*iez*.
Ils recev*oient*.

PARFAIT DÉFINI,

Temps primitif.

Je reçus.
Tu reçus.
Il reçut.
Nous reçûmes.
Vous reçûtes.
Ils reçurent.

PARFAIT INDÉFINI.

Temps composé.

J'ai reçu.
Tu as reçu.
Il a reçu.
Nous avons reçu.
Vous avez reçu.
Ils ont reçu.

PARFAIT ANTÉRIEUR DÉFINI,

Temps composé.

J'eus reçu.
Tu eus reçu.
Il eut reçu.
Nous eûmes reçu,
Vous eûtes reçu.
Ils eurent reçu.

PARFAIT ANTÉRIEUR INDÉFINI,

Temps composé.

J'ai eu reçu.
Tu as eu reçu.
Il a eu reçu.
Nous avons eu reçu.
Vous avez eu reçu.
Ils ont eu reçu.

PLUS-QUE-PARFAIT,

Temps composé.

J'avois reçu.
Tu avois reçu.
Il avoit reçu.
Nous avions reçu.
Vous aviez reçu.
Ils avoient reçu.

FUTUR,

Formé du présent de l'infinitif Recevoir, *en changeant* oir *en* rai.

Je recev*rai*.
Tu recev*ras*.
Il recev*ra*.
Nous recev*rons*.
Vous recev*rez*.
Ils recev*ront*.

FUTUR PASSÉ,

Temps composé.

J'aurai reçu.
Tu auras reçu.
Il aura reçu.
Nous aurons reçu.
Vous aurez reçu.
Ils auront reçu.

PRÉSENT CONDITIONNEL,

Formé du futur de l'indicatif Je recevrai, *en changeant* rai *en* rois.

Je recev*rois*
Tu recev*rois*.
Il recev*roit*.
Nous recev*rions*.
Vous recev*riez*.
Ils recev*roient*.

PARFAIT CONDITIONNEL,

Temps composé.

J'aurois reçu.
Tu aurois reçu.
Il auroit reçu.
Nous aurions reçu.
Vous auriez reçu.
Ils auroient reçu (*).

IMPÉRATIF.

PRÉSENT OU FUTUR,

Formé du présent de l'indicatif Je reçois, *en ôtant le pronom* je.

Point de première personne.
Reçois.
Qu'il reçoive.
Recevons.
Recevez.
Qu'ils reçoivent.

(*) *On dit aussi :* J'eusse reçu, tu eusses reçu, il eût reçu ; nous eussions reçu, vous eussiez reçu, ils eussent reçu.

SUBJONCTIF.

Présent ou Futur,

Formé du présent de l'indicatif Je reçois, *en changeant* ois *en* oive.

Que je reç*oive*.
Que tu reç*oives*.
Qu'il reç*oive*.
Que nous rec*evions*.
Que vous rec*eviez*.
Qu'ils reç*oivent*.

Imparfait,

Formé du parfait défini Je reçus, *en ajoutant* se.

Que je reçu*sse*.
Que tu reçu*sses*.
Qu'il reç*ût*.
Que nous reçu*ssions*.
Que vous reçu*ssiez*.
Qu'ils reçu*ssent*.

Parfait,

Temps composé.

Que j'aye reçu.
Que tu ayes reçu.
Qu'il ait reçu.
Que nous ayons reçu.
Que vous ayez reçu.
Qu'ils aient reçu.

Plus-que-parfait,

Temps composé.

Que j'eusse reçu.
Que tu eusses reçu.
Qu'il eût reçu.
Que nous eussions reçu.
Que vous eussiez reçu.
Qu'ils eussent reçu.

INFINITIF.

Présent,

Temps primitif.

Recevoir.

Parfait,

Temps composé.

Avoir reçu.

Futur,

Composé du présent de l'infinitif Recevoir, *et du verbe* Devoir.

Devoir recevoir.

Futur passé,

Composé du présent de l'infinitif Recevoir, *et du verbe* Devoir.

Avoir dû recevoir.

Participe présent,

Temps primitif.

Recevant.

Participe passé,

Temps composé.

Ayant reçu.

PARTICIPE FUTUR,

Composé du présent de l'infinitif Recevoir, *et du verbe* Devoir.

Devant recevoir.

PARTICIPE PASSÉ PASSIF.

Temps primitif.

Reçu, reçue.

Ainsi se conjuguent *Apercevoir*, *Concevoir*, *Devoir*, *Percevoir*, etc.

QUATRIÈME CONJUGAISON EN RE.

INDICATIF.

PRÉSENT,

Temps primitif.

Je rends.
Tu rends.
Il rend.
Nous rendons.
Vous rendez.
Ils rendent.

IMPARFAIT,

Formé du participe présent Rendant, *en changeant* ant *en* ois.

Je rend*ois*.
Tu rend*ois*.
Il rend*oit*.
Nous rend*ions*.
Vous rend*iez*.
Ils rend*oient*.

PARFAIT DÉFINI,

Temps primitif.

Je rendis.
Tu rendis.
Il rendit.
Nous rendîmes.
Vous rendîtes.
Ils rendirent.

PARFAIT INDÉFINI,

Temps composé.

J'ai rendu.
Tu as rendu.
Il a rendu.
Nous avons rendu.
Vous avez rendu.
Ils ont rendu.

PARFAIT ANTÉRIEUR DÉFINI,

Temps composé.

J'eus rendu.
Tu eus rendu.
Il eut rendu.
Nous eûmes rendu.
Vous eûtes rendu.
Ils eurent rendu.

PARFAIT ANTÉRIEUR INDÉFINI,

Temps composé.

J'ai eu rendu.
Tu as eu rendu.
Il a eu rendu.
Nous avons eu rendu.
Vous avez eu rendu.
Ils ont eu rendu.

PLUS-QUE-PARFAIT,

Temps composé.

J'avois rendu.
Tu avois rendu.
Il avoit rendu.
Nous avions rendu.
Vous aviez rendu.
Ils avoient rendu.

FUTUR,

Formé du présent de l'infinitif Rendre, *en changeant* re *en* rai.

Je rend*rai*.
Tu rend*ras*.
Il rend*ra*.
Nous rend*rons*
Vous rend*rez*.
Ils rend*ront*.

FUTUR PASSÉ,

Temps composé.

J'aurai rendu.
Tu auras rendu.
Il aura rendu.
Nous aurons rendu.
Vous aurez rendu.
Ils auront rendu.

PRÉSENT CONDITIONNEL,

Formé du futur de l'indicatif Je rendrai, *en changeant* rai *en* rois.

Je rend*rois*.
Tu rend*rois*.
Il rend*roit*.
Nous rend*rions*.
Vous rend*riez*.
Ils rend*roient*.

PARFAIT CONDITIONNEL,

Temps composé.

J'aurois rendu.
Tu aurois rendu.
Il auroit rendu.
Nous aurions rendu.
Vous auriez rendu.
Ils auroient rendu. (*)

IMPÉRATIF.

PRÉSENT ou FUTUR,

Formé du présent de l'indicatif Je rends, *en ôtant le pronom* je.

Point de première personne.
Rends.
Qu'il rende.

Rendons.
Rendez.
Qu'ils rendent.

(*) *On dit aussi :* J'eusse rendu, tu eusses rendu, il eût rendu; nous eussions rendu, vous eussiez rendu, ils eussent rendu.

SUBJONCTIF.

Présent ou Futur,

Formé du participe présent Rendant, *en changeant* ant *en* e *muet.*

Que je rend*e*.
Que tu rend*es*.
Qu'il rend*e*.
Que nous rend*ions*.
Que vous rend*iez*.
Qu'ils rend*ent*.

Imparfait,

Formé du parfait défini Je rendis, *en ajoutant* se.

Que je rendis*se*.
Que tu rendis*ses*.
Qu'il rend*ît*.
Que nous rendis*sions*.
Que vous rendis*siez*.
Qu'ils rendis*sent*.

Parfait,

Temps composé.

Que j'aye rendu.
Que tu ayes rendu.
Qu'il ait rendu.
Que nous ayons rendu.
Que vous ayez rendu.
Qu'ils aient rendu.

Plus-que-parfait,

Temps composé.

Que j'eusse rendu.
Que tu eusses rendu.
Qu'il eût rendu.
Que nous eussions rendu.
Que vous eussiez rendu.
Qu'ils eûssent rendu.

INFINITIF.

Présent,

Temps primitif.

Rendre.

Parfait,

Temps composé.

Avoir rendu.

Futur,

Composé du présent de l'infinitif Rendre, *et du verbe* Devoir.

Devoir rendre.

Futur passé,

Composé du présent de l'infinitif Rendre, *et du verbe* Devoir.

Avoir dû rendre.

Participe présent,

Temps primitif.

Rendant.

Participe passé,

Temps composé.

Ayant rendu.

Participe futur,

Composé du présent de l'infinitif Rendre, *et du verbe* Devoir.

Devant rendre.

Participe passé passif,

Temps primitif.

Rendu, rendue.

Ainsi se conjuguent *attendre*, *croître*, *conduire*, *craindre*, *perdre*, *taire*, *etc.*

OBSERVATION.

Dans la quatrième conjugaison, la troisième personne du singulier, au présent de l'indicatif, se termine ordinairement par un *d*, lorsqu'il y a un *d* à l'infinitif qui est comme la racine des verbes. Ainsi *mordre*, *perdre*, *moudre*, *coudre*, *etc.*, s'écrivent au présent de l'indicatif, je *mords*, je *perds*, je *mouds*, je *couds*, et il *mord*, il *perd*, il *moud*, il *coud*. Les verbes *plaindre*, *craindre*, *absoudre*, *etc.*, qui s'écrivent à la première personne du présent, je *plains*, je *crains*, j'*absous*, je *résous*, prennent un *t* à la troisième personne; il *plaint*, il *craint*, il *absout*, il *résout*. Il en est de même des autres verbes, si l'on en excepte *vaincre* et *convaincre*, qui font il *vainc*, il *convainc*.

Ce que nous venons de dire de l'analogie orthographique qui existe entre l'infinitif et les autres temps des verbes, sert à expliquer pourquoi l'Académie veut que les verbes *appeler* et *jeter*, qui n'ont qu'un seul *l* et un seul *t* à la racine, fassent nous *appelons*, nous *jetons*; vous *appelez*, vous *jetez*; j'*appelois*, je *jetois*, *etc.* Si dans certaines circonstances on emploie deux *l* ou deux *t*, c'est parce que la prononciation de l'*e* ouvert les exige. J'*appelle*, je *jette*; nous *appellerions*, nous *jetterions*, doublent la consonne *l* et *t*, parce que, sans ce redoublement, il faudroit écrire j'*appèle*, j'*appèlerois*; je *jète*, nous *jèterions*.

Comme nous avons rapporté tous les temps de chaque conjugaison, on a pu voir aisément, que tous les temps simples ne diffèrent que par certaines finales qui peuvent se partager entre deux conjugaisons générales, dont le tableau est à la page suivante.

On y observera 1.° que dans toutes les conjugaisons, l'imparfait de l'indicatif finit en *ois;* et le futur du même mode en *rai*, et le présent conditionnel en *rois*.

2.° Que dans le subjonctif, le présent et l'imparfait sont toujours terminés de la même manière, savoir : le premier, en *e*, *es*, *e;* et le second en *sse*, lors même qu'il y auroit une consonne devant, comme dans : *il falloit que je vinsse*, *que tu devinsses*.

3.° Que la première et la seconde personne du pluriel, au parfait défini, ainsi que la troisième personne du singulier, à l'imparfait du subjonctif, veulent la finale précédée d'un accent circonflexe. Exemples : nous *aimâmes*, vous *vîntes*, qu'il *servît*.

4.° Que, rigoureusement parlant, pour l'orthographe des conjugaisons, il n'y a de différent que le singulier du présent de l'indicatif, le singulier du parfait défini, et le singulier de l'impératif : tout le reste est uniforme.

La première conjugaison générale comprend tous les verbes en *er;* la seconde tous les autres, qu'ils soient en *ir*, en *oir*, ou en *re*.

INDI

PRÉ

E	J'aim*e*,	S. . . .	Je fini*s*,
ES. . . .	Tu aim*es*,	S. . . .	Tu fini*s*,
E	Il aim*e*,	T *ou* D.	Il fini*t*,
ONS. . .	Nous aim*ons*,		Nous finiss*ons*,
EZ. . . .	Vous aim*ez*,		Vous finiss*ez*,
ENT. . .	Ils aim*ent*.		Ils finiss*ent*.

IMPAR

OIS . . .	J'aim*ois*,	Je finiss*ois*,
OIS . . .	Tu aim*ois*,	Tu finiss*ois*,
OIT . . .	Il aim*oit*,	Il finiss*oit*,
IONS . .	Nous aim*ions*,	Nous finiss*ions*,
IEZ . . .	Vous aim*iez*,	Vous finiss*iez*,
OIENT. .	Ils aim*oient*.	Ils finiss*oient*.

PARFAIT

AI. . . .	J'aim*ai*,	S. . . .	Je fini*s*,
AS. . . .	Tu aim*as*,	S. . . .	Tu fini*s*,
A	Il aim*a*,	T. . . .	Il fini*t*,
^ MES. .	Nous aimâ*mes*,		Nous finî*mes*,
^ TES . .	Vous aimâ*tes*,		Vous finî*tes*,
RENT . .	Ils aimè*rent*.		Ils fini*rent*.

F

RAI. . .	J'aime*rai*,	Je fini*rai*,
RAS. . .	Tu aime*ras*,	Tu fini*ras*,
RA. . . .	Il aime*ra*,	Il fini*ra*,
RONS . .	Nous aime*rons*,	Nous fini*rons*,
REZ. . .	Vous aime*rez*,	Vous fini*rez*,
RONT . .	Ils aime*ront*.	Ils fini*ront*.

PRÉSENT

ROIS. . .	J'aime*rois*,	Je fini*rois*,
ROIS. . .	Tu aime*rois*,	Tu fini*rois*,
ROIT. . .	Il aime*roit*,	Il fini*roit*,
RIONS. .	Nous aime*rions*,	Nous fini*rions*,
RIEZ. . .	Vous aime*riez*,	Vous fini*riez*,
ROIENT.	Ils aime*roient*.	Ils fini*roient*.

CATIF.

SENT.

Je reçoi*s*,
Tu reçoi*s*,
Il reçoi*t*,
Nous recev*ons*,
Vous recev*ez*,
Ils reçoiv*ent*.

Je rend*s*,
Tu rend*s*,
Il ren*d*,
Nous rend*ons*,
Vous rend*ez*,
Ils rend*ent*.

FAIT.

Je recev*ois*,
Tu recev*ois*,
Il recev*oit*,
Nous recev*ions*,
Vous recev*iez*,
Ils recev*oient*.

Je rend*ois*,
Tu rend*ois*,
Il rend*oit*,
Nous rend*ions*,
Vous rend*iez*,
Ils rend*oient*.

DÉFINI.

Je reçu*s*,
Tu reçu*s*,
Il reçu*t*,
Nous reçû*mes*,
Vous reçû*tes*,
Ils reçu*rent*.

Je rendi*s*,
Tu rendi*s*,
Il rendi*t*,
Nous rendî*mes*,
Vous rendî*tes*,
Ils rendi*rent*.

TUR.

Je recev*rai*,
Tu recev*ras*,
Il recev*ra*,
Nous recev*rons*,
Vous recev*rez*,
Ils recev*ront*.

Je rend*rai*,
Tu rend*ras*,
Il rend*ra*,
Nous rend*rons*,
Vous rend*rez*,
Ils rend*ront*.

CONDITIONNEL.

Je recev*rois*,
Tu recev*rois*,
Il recev*roit*,
Nous recev*rions*,
Vous recev*riez*,
Ils recev*roient*.

Je rend*rois*,
Tu rend*rois*,
Il rend*roit*,
Nous rend*rions*,
Vous rend*riez*,
Ils rend*roient*.

IMPÉ

PRÉSENT

E. . . . Aim*e*, | S. Fini*s*,
ONS. . . Aim*ons*, Finiss*ons*,
EZ. . . . Aim*ez*, Finiss*ez*,
ENT. . . Qu'ils aim*ent*. Qu'ils finiss*ent*,

SUBJ

PRÉSENT

E. . . . Que j'aim*e*, Que je finisse,
ES. . . . Que tu aim*es*, Que tu finiss*es*,
E. . . . Qu'il aime, Qu'il finiss*e*,
IONS. . . Que nous aim*ions*, Que nous finiss*ions*,
IEZ . . . Que vous aim*iez*, Que vous finiss*iez*,
ENT. . . Qu'ils aim*ent*. Qu'ils finiss*ent*.

IMPAR

SSE . . . Que j'aima*sse*, Que je fini*sse*,
SSES. . . Que tu aima*sses*, Que tu fini*sses*,
AT. . . . Qu'il aimâ*t*, Qu'il finî*t*,
SSIONS. . Que nous aima*ssions*, Que nous fini*ssions*,
SSIEZ . . Que vous aima*ssiez*, Que vous fini*ssiez*,
SSENT. . Qu'ils aima*ssent*, Qu'ils fini*ssent*.

INFI

RA

ER . . . Aim*er*. IR . Fin*ir*.

PARTI

PRÉ

ANT. . . Aim*ant*. Finiss*ant*.

PAS

É, ÉE. . Aim*é*, *ée*. I, IE. Fin*i*, *ie*.

R A T I F.

ou FUTUR.

Reçois,	Rends,
Recevons,	Rendons,
Recevez,	Rendez,
Qu'ils reçoivent.	Qu'ils rendent.

O N C T I F.

ou FUTUR.

Que je reçoive,	Que je rende,
Que tu reçoives,	Que tu rendes,
Qu'il reçoive,	Qu'il rende,
Que nous recevions,	Que nous rendions.
Que vous receviez,	Que vous rendiez,
Qu'ils reçoivent.	Qu'ils rendent.

FAIT.

Que je reçusse,	Que je rendisse,
Que tu reçusses,	Que tu rendisses,
Qu'il reçût,	Qu'il rendît,
Que nous reçussions,	Que nous rendissions,
Que vous reçussiez,	Que vous rendissiez,
Qu'ils reçussent.	Qu'ils rendissent.

N I T I F.

CINE.

OIR. Recevoir.	RE. Rendre.

C I P E.

SENT.

Recevant.	Rendant.

SÉ.

U, UE. Reçu, ue.	Rendu, ue.

TABLEAU DES TEMPS PRIMITIFS.

	Présent de l'infinitif.	*Participe présent.*	*Participe passé passif.*	*Présent de l'indicatif.*	*Parfait défini.*
PREMIÈRE CONJUGAISON.	Aime*r*.	Aim*ant*.	Aimé.	J'aime.	J'aimai.
SECONDE CONJUGAISON.	Fini*r*. Senti*r*. Ouvri*r*. Teni*r*.	Finiss*ant*. Sent*ant*. Ouvr*ant*. Ten*ant*.	Fini. Senti. Ouvert. Tenu.	Je finis. Je sens. J'ouvre. Je tiens.	Je finis. Je sentis. J'ouvris. Je tins.
TROISIÈME CONJUGAISON.	Recev*oir*.	Recev*ant*.	Reçu.	Je reç*ois*.	Je reçus.
QUATRIÈME CONJUGAISON.	Rend*re*. Plai*re*. Paroît*re*. Rédui*re*. Plaind*re*.	Rend*ant*. Plais*ant*. Paroiss*ant*. Réduis*ant*. Plaign*ant*.	Rendu. Plu. Paru. Réduit. Plaint.	Je rends. Je plais. Je parois. Je réduis. Je plains.	Je rendis. Je plus. Je parus. Je reduisis. Je plaignis.

Ce tableau présente les temps *primitifs* des verbes de toutes les conjugaisons, à l'aide desquels on peut former les autres temps. Il est facile d'y voir que la première et la troisième conjugaison ne varient jamais; tandis que la seconde et la quatrième ont différentes branches de terminaison. Ce qui porte à onze classes toutes les variations des temps primitifs dans les conjugaisons françaises.

FORMATION DES TEMPS.

I.

Du présent de l'infinitif on forme :

1.° Le futur de l'indicatif, en changeant *r* en *rai*, pour la première et la seconde conjugaison; *aimer*, *j'aimerai*; *finir*, *je finirai* : en changeant *oir* en *rai*, pour la troisième conjugaison; *recevoir*, *je recevrai* : en changeant *re* en *rai*, pour la quatrième conjugaison; *rendre*, *je rendrai*.

Exceptions.

Première conjugaison. *Aller*, futur, *j'irai*; *envoyer*, futur, *j'enverrai*.

Seconde conjugaison. *Tenir*, futur *je tiendrai*; *venir*, *je viendrai*; *courir*, *je courrai*; *cueillir*, *je cueillerai*; *mourir*, *je mourrai*; *acquérir*, *j'acquerrai*.

Troisième conjugaison. *Avoir*, futur *j'aurai*; *échoir*, *j'écherrai*; *pouvoir*, *je pourrai*; *savoir*, *je saurai*; *s'as-*

seoir, je m'assiérai; voir, je verrai; vouloir, je voudrai; valoir, je vaudrai; falloir, il faudra.

Quatrième conjugaison. *Faire*, futur, *je ferai; être, je serai.*

2.° Du futur de l'indicatif on forme le conditionnel présent, en changeant *rai* en *rois*, sans exception : *j'aimerai*, conditionnel *j'aimerois; je finirai, je finirois; je recevrai, je recevrois; je rendrai, je rendrois.*

I I.

Du participe présent on forme :

1.° L'imparfait de l'indicatif, en changeant *ant* en *ois : aimant*, imparfait *j'aimois; finissant, je finissois; recevant, je recevois; rendant, je rendois.*

Exceptions.

Il n'y a que deux exceptions : *Ayant, j'avois; sachant, je savois.*

2.° Du même participe on forme la première personne plurielle du présent de l'indicatif en changeant *ant* en *ons : aimant, nous aimons; finissant, nous finissons; recevant, nous recevons; rendant, nous rendons.*

Exceptions.

Etant, nous sommes; ayant, nous avons; sachant, nous savons.

On en forme aussi la seconde personne plurielle, par le changement de *ons* en *ez: vous aimez, vous finissez, vous recevez, vous rendez.*

Exceptions.

Faisant, *vous faites; disant*, *vous dites.*

Et la troisième personne en *ent* : *ils aiment*, *ils finissent*, excepté dans : *faire*, *ils font; aller*, *ils vont.*

3.° Du même participe présent on forme le présent du subjonctif (pour la première, la seconde et la quatrième conjugaison), en changeant *ant* en *e* muet : *aimant*, *que j'aime; finissant*, *que je finisse; rendant*, *que je rende.*

Exceptions.

Première conjugaison. *Allant*, *que j'aille.*

Seconde conjugaison. *Tenant*, *que je tienne; venant*, *que je vienne; acquérant*, *que j'acquière.*

Quatrième conjugaison. *Buvant*, *que je boive; faisant*, *que je fasse; étant*, *que je sois.*

III.

Du participe passé passif on forme tous les temps composés (de deux mots), en y joignant les temps des verbes auxiliaires *avoir*, *être*; comme : *j'ai aimé*, *j'ai fini*, *j'ai reçu*, *j'ai rendu; j'avois aimé*, *j'avois fini*, *j'avois reçu*, *j'avois rendu; j'aurai aimé*, *j'aurai fini*, *j'aurai reçu*, *j'aurai rendu; que j'eusse rendu*, *que j'eusse fini*, *que j'eusse reçu*, etc.

IV.

Du présent de l'indicatif on forme :

1.° L'impératif, en ôtant seulement le pronom *je*. Exemples : *j'aime*, impératif, *aime ; je finis*, imp. *finis ; je reçois*, imp. *reçois ; je rends*, imp. *rends*.

2.° (Pour la troisième conjugaison seulement,) le présent du subjonctif, en changeant *ois* en *oive* : *Je reçois, que je reçoive.*

EXCEPTION. *Je puis, que je puisse ; je vaux, que je vaille ; je veux, que je veuille* (*) ; *je meus, que je meuve ; il faut, qu'il faille.*

V.

Du parfait défini se forme l'imparfait du subjonctif, en changeant *ai* en *asse*, pour la première conjugaison ; *j'aimai*, imparfait du subjonctif *que j'aimasse ;* et en ajoutant *se*, pour les trois autres conjugaisons ; *je finis, je finisse ; je reçus, je reçusse ; je rendis, je rendisse.*

Des Verbes irréguliers et défectueux.

ON appelle *irréguliers* les verbes qui ne suivent pas en tout la règle générale des conjugaisons.

Plusieurs de ces verbes ne sont pas usités à certains temps et à certaines personnes : alors on les appelle *défectueux*.

(*) *Que tu veuilles, qu'il veuille ; que nous voulions, que vous vouliez, qu'ils veuillent.*

TEMPS PRIMITIFS

Des Verbes irréguliers et défectueux.

Présent de l'Infinitif.	*Participe présent.*	*Participe passé passif.*	*Présent de l'Indicatif.*	*Parfait défini.*
PREMIÈRE CONJUGAISON.				
Aller.	Allant.	Allé.	Je vais.	J'allai.

Nota. L'usage veut aujourd'hui que l'on dise *Puer*, *je pue* : on écrivoit auparavant *je pus.*

Présent de l'Infinitif.	*Participe présent.*	*Participe passé passif.*	*Présent de l'Indicatif.*	*Parfait défini.*
SECONDE CONJUGAISON.				
Acquérir.	Acquérant.	Acquis.	J'acquiers.	J'acquis.
Courir.	Courant.	Couru.	Je cours.	Je courus.
Cueillir.	Cueillant.	Cueilli.	Je cueille.	Je cueillis.
Faillir.	. . . . . .	Failli.	. . . . . .	Je faillis.
Fuir.	Fuyant.	Fui.	Je fuis.	Je fuis.
Mourir.	Mourant.	Mort.	Je meurs.	Je mourus.
Revêtir.	Revêtant.	Revêtu.	Je revêts.	Je revêtis.
Saillir.	Saillant.	Sailli.	Il saille.	Il saillit.
Tressaillir	Tressaillant.	Tressailli.	Je tressaille.	Je tressaillis.
Vêtir.	Vêtant.	Vêtu.	Je vêts.	Je vêtis.
TROISIÈME CONJUGAISON.				
Choir.	. . . . . .	Chu.	. . . . . .	. . . . . .
Déchoir.	. . . . . .	Déchu.	Je déchois.	Je déchus.
Echoir.	Echéant.	Echu.	Il échet.	J'échus.
Falloir.	. . . . . .	Fallu.	Il faut.	Il fallut.
Mouvoir.	Mouvant.	Mu.	Je meus.	Je mus.
Pleuvoir.	Pleuvant.	Plu.	Il pleut.	Il plut.
Pouvoir.	Pouvant.	Pu.	Je puis.	Je pus.
Savoir.	Sachant.	Su.	Je sais.	Je sus.
S'asseoir.	S'asseyant.	Assis.	Je m'assieds	Je m'assis.
Surseoir.	. . . . . .	Sursis.	Je sursois.	Je sursis.
Valoir.	Valant.	Valu.	Je vaux.	Je valus.
Voir.	Voyant.	Vu.	Je vois.	Je vis.
Pourvoir.	pourvoyant	Pourvu.	Je pourvois	Je pourvus.
Vouloir.	Voulant.	Voulu.	Je veux.	Je voulus.

QUATRIÈME CONJUGAISON.

Présent de l'Infinitif.	*Participe présent.*	*Participe passé passif.*	*Présent de l'Indicatif.*	*Parfait défini.*
Absoudre.	Absolvant.	Absous.	J'absous.	. . . . . .
Battre.	Battant.	Battu.	Je bats.	Je battis.
Boire.	Buvant.	Bu.	Je bois.	Je bus.
Braire.	. . . . . .	. . . . .	Il brait.	. . . . . .
Bruire.	Bruyant.	. . . . .	. . . . . .	. . . . . .
Circoncire.	. . . . . .	Circoncis	Je circoncis	Je circoncis.
Clore.	. . . . . .	Clos.	Je clos.	. . . . . .
Conclure.	Concluant.	Conclu.	Je conclus.	Je conclus.
Confire.	. . . . . .	Confit.	Je confis.	Je confis.
Coudre.	Cousant.	Cousu.	Je couds.	Je cousis.
Croire.	Croyant,	Cru.	Je crois.	Je crus.
Dire.	Disant.	Dit.	Je dis.	Je dis.
Ecrire.	Ecrivant.	Ecrit.	J'écris.	J'écrivis.
Exclure.	Excluant.	Exclu.	J'exclus.	J'exclus.
Faire.	Faisant.	Fait.	Je fais.	Je fis.
Lire.	Lisant.	Lu.	Je lis.	Je lus.
Luire.	Luisant.	Lui.	Je luis.	. . . . . .
Maudire.	Maudissant	Maudit.	Je maudis.	Je maudis.
Mettre.	Mettant.	Mis.	Je mets.	Je mis.
Moudre.	Moulant.	Moulu.	Je mouds.	Je moulus.
Naître.	Naissant.	Né.	Je nais.	Je naquis.
Nuire.	Nuisant.	Nui.	Je nuis.	Je nuisis.
Prendre.	Prenant.	Pris.	Je prends.	Je pris.
Rire.	Riant.	Ri.	Je ris.	Je ris.
Rompre.	Rompant.	Rompu.	Je romps.	Je rompis.
Résoudre.	Résolvant.	Résous, résolu. *	Je résous.	Je résolus.
Suffire.	Suffisant.	Suffi.	Je suffis.	Je suffis.
Suivre.	Suivant.	Suivi.	Je suis.	Je suivis.
Traire.	Trayant.	Trait.	Je trais.	. . . . . .
Vaincre.	Vainquant.	Vaincu.	Je vaincs.	Je vainquis.
Vivre.	Vivant.	Vécu.	Je vis.	Je vécus.

Nous ne marquons pas les verbes *composés ;* ils suivent la conjugaison de leurs *simples :* ainsi *Promettre*, *Admettre*, *etc.* se conjuguent comme le verbe simple *Mettre*. *Dire* et *Redire* font *vous dites ; vous redites*. *Maudire* fait *vous maudissez*. Les autres composés de *Dire* sont réguliers.

* J'ai résolu *la question ; Brouillard* résous *en pluie.*

De l'accord du Verbe avec son sujet.

Le *sujet* d'un Verbe est le nom ou le pronom qui répond à la question *qui est-ce qui?* faite avec le verbe. Exemple: *L'enfant s'amuse. Qui est-ce qui s'amuse?* Rép. *L'enfant.* Ainsi *l'enfant* est sujet du verbe *s'amuse.*

Règle. Tout verbe doit être du même nombre et de la même personne que son sujet.

Exemple :

Je parle : parle est du nombre singulier, et de la première personne, parce que *je*, son sujet, est du singulier et de la première personne. *Vous parlez tous deux; parlez* est au nombre pluriel, et de la seconde personne, parce que *vous* est au nombre pluriel, et de la seconde personne.

I.re Remarque. Quand un verbe a deux sujets du singulier, on met ce verbe au pluriel.

Exemple :

Mon frère et ma sœur lisent.

II.e Remarque. Quand les deux sujets sont de différentes personnes, on met le verbe à la plus noble personne : la première est plus noble que la seconde; la seconde est plus noble que la troisième.

Exemples :

Vous et moi nous lisons.
Vous et votre frère vous lisez.

(La politesse française veut qu'on nomme d'abord la personne à qui l'on parle, et qu'on se nomme le dernier.)

Outre les verbes auxiliaires *être* et *avoir*, il y a six sortes de verbes : les verbes *actifs*, *passifs*, *neutres*, *réfléchis*, *réciproques*, et *impersonnels*.

Du Verbe actif et de ses régimes.

I.

On appelle verbe *actif* celui qui marque une action faite par le sujet, et après lequel on peut mettre *quelqu'un* ou *quelque chose*.

Aimer est un verbe actif, parce qu'on peut dire *aimer quelqu'un*, *aimer quelque chose*. De plus, le verbe *aimer* marque une action faite par le sujet : quand je dis, *Pierre aime Dieu*, c'est *Pierre* qui fait l'action d'*aimer*.

Au contraire, les verbes *être*, *devenir*, *sembler*, *paroître*, ne sont pas des verbes actifs, parce qu'ils ne marquent pas une action, quoiqu'on puisse dire, *être quelque chose*. De même *marcher*, *dormir*, *etc.*, ne sont pas actifs, parce qu'on ne peut pas dire, *marcher quelqu'un*, *dormir quelque chose*, quoique ces verbes marquent une action faite par le sujet.

I I.

Tous les verbes actifs ont un *régime direct*, exprimé ou sous-entendu. Plusieurs peuvent avoir, outre le régime direct, un autre régime, qu'on appelle *indirect*.

1.° Le régime direct est le mot qui répond à cette question *qui* ou *quoi*, faite avec le verbe.

Exemples :

J'aime Dieu. J'aime qui? Réponse : *Dieu. Dieu* est ici régime *direct* du verbe *j'aime.*

Ayez de la vertu. Ayez quoi? Réponse : *de la vertu. Vertu* est régime *direct* du verbe *ayez.*

2.° Le régime *indirect* est le mot qui répond à l'une de ces questions faites avec le verbe, *à qui? à quoi? de qui? de quoi?*

Exemple :

Donnez du pain aux pauvres. Donnez à qui? Réponse : *aux pauvres. Pauvres* est régime *indirect* du verbe *donnez. Donnez aux pauvres, quoi? du pain. Pain* est régime *direct* du verbe *donnez.*

I.re Remarque. Les régimes se placent ordinairement après le verbe, quand ce ne sont pas des pronoms. Exemples : *J'aime Dieu : Le printemps embellit la terre. La terre* est régime du verbe *embellit.*

Mais quand le régime est un pronom, il se met devant le verbe. Exemple : *J'ai un livre, je vous le prêterai;* c'est-à-dire, je prêterai *lui à vous. Lui*, régime direct; *à vous*, régime indirect.

II.e Remarque. Les verbes actifs prennent l'auxiliaire *avoir*, dans leurs temps composés, et se conjuguent comme l'un des quatre verbes, *aimer*, *finir*, *recevoir*, *rendre.*

Du verbe passif.

Tout verbe actif a un passif.

Le verbe passif est celui qui marque une action faite par son régime direct.

Le régime direct du verbe passif, est le mot qui répond à la question *par qui?* ou *par quoi?* faite avec ce verbe, quand même il y auroit *de* au lieu de *par*, devant le mot.

Exemple :

Je suis aimé de mon père. Aimé par qui? Rép. *par mon père. Mon père* est donc régime direct; il fait l'action marquée par le verbe. Ainsi, *je suis aimé* est un verbe passif.

Le verbe passif est formé du participe passé passif, que l'on conjugue avec l'auxiliaire *être*, dans tous ses temps. Ainsi, avec les participes passés *aimé, connu, surpris*, qui viennent des verbes actifs *aimer, connoître, surprendre*, on fait les verbes passifs *être aimé, être connu, être surpris.*

On peut sans changer le sens d'une phrase, tourner un verbe actif en passif, ou un verbe passif en actif. Ainsi l'on dira également : *Le printemps embellit la terre*, ou *la terre est embellie par le printemps.*

REMARQUE. N'employez jamais *par* avec le nom *Dieu*. Dites : *Les méchans seront punis de Dieu*, et non pas *seront punis par Dieu.*

Il n'y a qu'une conjugaison pour tous les verbes passifs.

INDICATIF

INDICATIF.

Présent.

Je suis aimé *ou* aimée.
Tu es aimé *ou* aimée.
Il est aimé *ou* elle est aimée.
Nous sommes aimés *ou* aimées.
Vous êtes aimés *ou* aimées.
Ils sont aimés *ou* elles sont aimées.

Imparfait.

J'étois aimé *ou* aimée.
Tu étois aimé *ou* aimée.
Il étoit aimé *ou* elle étoit aimée.
Nous étions aimés *ou* aimées.
Vous étiez aimés *ou* aimées.
Ils étoient aimés *ou* elles étoient aimées.

Parfait défini.

Je fus aimé *ou* aimée.
Tu fus aimé *ou* aimée.
Il fut aimé *ou* elle fut aimée.
Nous fûmes aimés *ou* aimées.
Vous fûtes aimés *ou* aimées.
Ils furent aimés *ou* elles furent aimées.

Parfait indéfini.

J'ai été aimé *ou* aimée.
Tu as été aimé *ou* aimée.
Il a été aimé *ou* elle a été aimée.
Nous avons été aimés *ou* aimées.
Vous avez été aimés *ou* aimées.
Ils ont été aimés *ou* elles ont été aimées.

Parfait antérieur.

J'eus été aimé *ou* aimée.
Tu eus été aimé *ou* aimée.
Il eut été aimé *ou* elle eut été aimée.
Nous eûmes été aimés *ou* aimées.
Vous eûtes été aimés *ou* aimées.
Ils eurent été aimés *ou* elles eurent été aimées.

Plus-que-parfait.

J'avois été aimé *ou* aimée.
Tu avois été aimé *ou* aimée.
Il avoit été aimé *ou* elle avoit été aimée.
Nous avions été aimés *ou* aimées.
Vous aviez été aimés *ou* aimées.
Ils avoient été aimés *ou* elles avoient été aimées.

Futur.

Je serai aimé *ou* aimée.
Tu seras aimé *ou* aimée.
Il sera aimé *ou* elle sera aimée.
Nous serons aimés *ou* aimées
Vous serez aimés *ou* aimées.
Ils seront aimés *ou* elles seront aimées.

Futur passé.

J'aurai été aimé *ou* aimée.
Tu auras été aimé *ou* aimée.

Il aura été aimé *ou* elle aura été aimée.
Nous aurons été aimés *ou* aimées.
Vous aurez été aimés *ou* aimées.
Ils auront été aimés *ou* elles auront été aimées.

PRÉSENT CONDITIONNEL.

Je serois aimé *ou* aimée.
Tu serois aimé *ou* aimée.
Il seroit aimé *ou* elle seroit aimée.
Nous serions aimés *ou* aimées.
Vous seriez aimés *ou* aimées.
Ils seroient aimés *ou* elles seroient aimées.

PARFAIT CONDITIONNEL.

J'aurois été aimé *ou* aimée.
Tu aurois été aimé *ou* aimée.
Il auroit été aimé *ou* elle auroit été aimée.
Nous aurions été aimés *ou* aimées.
Vous auriez été aimés *ou* aimées.
Ils auroient été aimés *ou* elles auroient été aimées. (*)

IMPÉRATIF.

PRÉSENT *ou* FUTUR.

Point de première personne.
Sois aimé *ou* aimée.
Qu'il soit aimé *ou* qu'elle soit aimée.
Soyons aimés *ou* aimées.
Soyez aimés *ou* aimées.
Qu'ils soient aimés *ou* qu'elles soient aimées.

SUBJONCTIF.

PRÉSENT *ou* FUTUR.

Que je sois aimé *ou* aimée.
Que tu sois aimé *ou* aimée.
Qu'il soit aimé *ou* qu'elle soit aimée.
Que nous soyons aimés *ou* aimées.
Que vous soyez aimés *ou* aimées.
Qu'ils soient aimés *ou* qu'elles soient aimées.

IMPARFAIT.

Que je fusse aimé *ou* aimée.
Que tu fusses aimé *ou* aimée.
Qu'il fût aimé *ou* qu'elle fût aimée.
Que nous fussions aimés *ou* aimées.
Que vous fussiez aimés *ou* aimées.
Qu'ils fussent aimés *ou* qu'elles fussent aimées.

(*) *On dit aussi :* J'eusse été aimé *ou* aimée, tu eusses été aimé *ou* aimée, il eût été aimé *ou* elle eût été aimée ; nous eussions été aimés *ou* aimées, vous eussiez été aimés *ou* aimées, ils eussent été aimés *ou* elles eussent été aimées.

PARFAIT.	PLUS-QUE-PARFAIT.
Que j'aye été aimé *ou* aimée.	Que j'eusse été aimé *ou* aimée.
Que tu ayes été aimé *ou* aimée.	Que tu eusses été aimé *ou* aimée.
Qu'il ait été aimé *ou* qu'elle ait été aimée.	Qu'il eût été aimé *ou* qu'elle eût été aimée.
Que nous ayons été aimés *ou* aimées.	Que nous eussions été aimés *ou* aimées.
Que vous ayez été aimés *ou* qu'elles aient été aimées.	Que vous eussiez été aimés *ou* aimées.
Qu'ils aient été aimés *ou* qu'elles aient été aimées.	Qu'ils eussent été aimés *ou* qu'elles eussent été aimées.

INFINITIF.

PRÉSENT.	PARTICIPE PRÉSENT.
Être aimé *ou* aimée.	Etant aimé *ou* aimée.
PARFAIT.	PARTICIPE PASSÉ.
Avoir été aimé *ou* aimée.	Aimé *ou* aimée, ayant été aimé *ou* aimée.
FUTUR.	PARTICIPE FUTUR.
Devoir être aimé *ou* aimée.	Devant être aimé *ou* aimée.
FUTUR PASSÉ.	
Avoir dû être aimé *ou* aimée.	

Ainsi se conjuguent *être fini*, *être reçu*, *être rendu*, etc.

Du Verbe neutre.

On appelle verbes *neutres* ceux qui ne marquent pas d'action, ou bien après lesquels on ne peut pas mettre *quelqu'un* ou *quelque chose*. *Marcher*, *parler*, sont des verbes neutres, parce qu'on ne peut pas dire, *marcher*, *quelqu'un*, *parler quelque chose*. *Etre*, *devenir*, *sembler*, *paroître*, sont encore des verbes neutres, parce qu'ils ne marquent pas d'action. Tous ces verbes s'appellent *neutres*, parce qu'ils ne sont ni *actifs* ni *passifs*.

Plusieurs verbes neutres peuvent avoir un régime indirect.

Le régime du verbe neutre est le nom ou pronom qui répond à l'une des questions *à qui? à quoi? de qui? de quoi?*

Exemples :

Nuire à la santé. Nuire à quoi? *à la santé*.
Jouir de la paix. Jouir de quoi? *de la paix*.

La plupart des verbes neutres se conjuguent comme les verbes actifs, avec l'auxiliaire *Avoir* : *Je dors*, *j'ai dormi*, *j'avois dormi*, *j'aurois dormi*, etc.

Mais il y a des verbes neutres qui se conjuguent dans leurs temps composés, avec l'auxiliaire *Être* ; comme *venir*, *arriver*, *tomber*, etc. *Je viens*, *je suis venu*, *je serois venu*.

CONJUGAISON *des Verbes neutres qui prennent l'auxiliaire* Etre.

INDICATIF.

PRÉSENT.	IMPARFAIT.
Je tombe.	Je tombois.
Tu tombes.	Tu tombois.
Il tombe.	Il tomboit.
Nous tombons.	Nous tombions.
Vous tombez.	Vous tombiez.
Ils tombent.	Ils tomboient.

PARFAIT DÉFINI.

Je tombai.
Tu tombas.
Il tomba.
Nous tombâmes.
Vous tombâtes.
Ils tombèrent.

PARFAIT INDÉFINI.

Je suis tombé *ou* tombée.
Tu es tombé *ou* tombée.
Il est tombé *ou* elle est tombée.
Nous sommes tombés *ou* tombées
Vous êtes tombés *ou* tombées.
Ils sont tombés *ou* elles sont tombées.

PARFAIT ANTÉRIEUR.

Je fus tombé *ou* tombée.
Tu fus tombé *ou* tombée.
Il fut tombé *ou* elle fut tombée.
Nous fûmes tombés *ou* tombées.
Vous fûtes tombés *ou* tombées.
Ils furent tombés *ou* elles furent tombées.

PLUS-QUE-PARFAIT.

J'étois tombé *ou* tombée.
Tu étois tombé *ou* tombée.
Il étoit tombé *ou* elle étoit tombée.
Nous étions tombés *ou* tombées.
Vous étiez tombés *ou* tombées.
Ils étoient tombés *ou* elles étoient tombées.

FUTUR.

Je tomberai.
Tu tomberas.
Il tombera.
Nous tomberons.
Vous tomberez.
Ils tomberont.

FUTUR PASSÉ.

Je serai tombé *ou* tombée.
Tu seras tombé *ou* tombée.
Il sera tombé *ou* elle sera tombée.
Nous serons tombés *ou* tombées.
Vous serez tombés *ou* tombées.
Ils seront tombés *ou* elles seront tombées.

PRÉSENT CONDITIONNEL.

Je tomberois.
Tu tomberois.
Il tomberoit.
Nous tomberions.
Vous tomberiez.
Ils tomberoient.

PARFAIT CONDITIONNEL.

Je serois tombé *ou* tombée.
Tu serois tombé *ou* tombée.
Il seroit tombé *ou* elle seroit tombée.
Nous serions tombés *ou* tombées.

Vous seriez tombés *ou* tombées.

Ils seroient tombés *ou* elles seroient tombées. (*)

INFINITIF.

PRÉSENT ou FUTUR.

Point de première personne.
Tombe.
Qu'il tombe.
Tombons.
Tombez.
Qu'ils tombent.

SUBJONCTIF.

PRÉSENT ou FUTUR.

Que je tombe.
Que tu tombes.
Qu'il tombe.
Que nous tombions.
Que vous tombiez.
Qu'ils tombent.

IMPARFAIT.

Que je tombasse.
Que tu tombasses.
Qu'il tombât.
Que nous tombassions.
Que vous tombassiez.
Qu'ils tombassent.

PARFAIT.

Que je sois tombé *ou* tombée.
Que tu sois tombé *ou* tombée.
Qu'il soit tombé *ou* qu'elle soit tombée.
Que nous soyons tombés *ou* tombées.
Que vous soyez tombés *ou* tombées.
Qu'ils soient tombés *ou* qu'elles soient tombées.

PLUS-QUE-PARFAIT.

Que je fusse tombé *ou* tombée.
Que tu fusses tombé *ou* tombée.
Qu'il fût tombé *ou* qu'elle fût tombée.
Que nous fussions tombés *ou* tombées.
Que vous fussiez tombés *ou* tombées.
Qu'ils fussent tombés *ou* qu'elles fussent tombées.

(*) *On dit aussi :* Je fusse tombé *ou* tombée, tu fusses tombé *ou* tombée, il fût tombé *ou* elle fût tombée ; nous fussions tombés *ou* tombées, vous fussiez tombés *ou* tombées, ils fussent tombés *ou* elles fussent tombées.

INFINITIF.

PRÉSENT.

Tomber.

PARFAIT.

Etre tombé *ou* tombée.

FUTUR.

Devoir tomber.

FUTUR PASSÉ.

Avoir dû tomber.

PARTICIPE PRÉSENT.

Tombant.

PARTICIPE PASSÉ.

Tombé, tombée; étant tombé.

PARTICIPE FUTUR.

Devant tomber.

Conjuguez de même les verbes *aller*, *arriver*, *déchoir*, *décéder*, *entrer*, *sortir*, *mourir*, *naître*, *partir*, *rester*, *descendre*, *monter*; *passer*, *venir* et ses composés *devenir*, *survenir*, *parvenir*, *revenir*, etc. etc.

REMARQUE. Parmi les verbes neutres qui prennent l'auxiliaire *Etre*, il y en a qui peuvent devenir actifs, et qui prennent alors l'auxiliaire *Avoir* et un régime direct. Dans cet exemple : *Etes-vous descendu?* le verbe est neutre. Dans cet autre exemple : *Avez-vous descendu mon livre?* le verbe est devenu actif; il a pris l'auxiliaire *Avoir* et un régime direct.

Des Verbes réfléchis et réciproques.

On appelle verbes *réfléchis* ceux dont le sujet et le régime sont la même personne *ou* la même chose : comme, *je me divertis*, *tu te flattes*, *il se blesse*, etc.

On appelle verbes *réciproques* ceux qui ont plusieurs sujets, lesquels font l'un sur l'autre la chose marquée par le verbe. Quand on dit : *Pierre et Jean se battent ;* on fait entendre que *Pierre bat Jean*, et que *Jean bat Pierre. Les méchans se trompent mutuellement ;* c'est-à-dire, que des méchans *trompent* d'autres méchans, et en *sont trompés* réciproquement.

Les verbes *réfléchis* et *réciproques* se conjuguent comme le verbe neutre *tomber*, c'est-à-dire, qu'ils prennent l'auxiliaire *Être* aux temps composés. Nous n'en mettrons ici que les premières personnes.

CONJUGAISON des Verbes réfléchis et réciproques.

INDICATIF.

PRÉSENT.

Je me repens.
Tu te repens.
Il se repent.
Nous nous repentons.
Vous vous repentez.
Ils se repentent.

IMPARFAIT.

Je me repentois, etc.

PARFAIT DÉFINI.

Je me repentis, etc.

PARFAIT INDÉFINI.

Je me suis repenti *ou* repentie.

PARFAIT ANTÉRIEUR.

Je me suis repenti *ou* repentie.

PLUS-QUE-PARFAIT.

Je m'étois repenti *ou* repentie.

FUTUR.

Je me repentirai.

FUTUR PASSÉ.

Je me serai repenti *ou* repentie.

PRÉSENT CONDITIONNEL.

Je me repentirois.

PARFAIT CONDITIONNEL.

Je me serois repenti *ou* repentie. (*)

(*) *On dit aussi :* Je me fusse repenti *ou* repentie.

IMPÉRATIF.

PRÉSENT *ou* FUTUR.

Point de première personne.
Repens-toi.
Qu'il se repente.

Repentons-nous.
Repentez-vous.
Qu'ils se repentent.

SUBJONCTIF.

PRÉSENT *ou* FUTUR.

Que je me repente.

IMPARFAIT.

Que je me repentisse.

PARFAIT.

Que je me sois repenti *ou* repentie.

PLUS-QUE-PARFAIT.

Que je me fusse repenti *ou* repentie.

INFINITIF.

PRÉSENT.

Se repentir.

PARFAIT.

S'être repenti *ou* repentie.

FUTUR.

Devoir se repentir.

FUTUR PASSÉ.

Avoir dû se repentir.

PARTICIPE PRÉSENT.

Se repentant.

PARTICIPE PASSÉ.

Repenti, repentie, s'étant repenti *ou* repentie.

PARTICIPE FUTUR.

Devant se repentir.

Ire REMARQUE. Les pronoms *me*, *te*, *se*, *nous*, *vous*, qui servent de régime aux verbes réfléchis et réciproques, sont quelquefois régimes directs; comme dans ces mots : *Je me flatte*, c'est-à-dire, *Je flatte moi; tu te blesseras*, c'est-à-dire, *tu blesseras toi.* Quelquefois ils sont regimes indirects; comme dans ces mots : *Je me fais une loi*, c'est-à-dire, *je fais une loi à moi : il s'est fait honneur*, c'est-à-dire, *il a fait honneur à soi.*

II.[e] REMARQUE. Grand nombre de verbes actifs et neutres peuvent devenir réfléchis ou réciproques. C'est ainsi que du verbe actif *réjouir*, et du verbe neutre *nuire*, on fait les verbes réfléchis *se réjouir*, *se nuire*, etc.

Du Verbe impersonnel.

On appelle verbe *impersonnel* celui qui ne s'emploie, dans tous les temps, qu'à la troisième personne du singulier, comme *il faut*, *il importe*, *il pleut*, etc. On le conjugue à cette troisième personne comme les autres verbes.

CONJUGAISON des Verbes impersonnels.

INDICATIF.

PRÉSENT.

Il faut.

IMPARFAIT.

Il falloit.

PARFAIT DÉFINI.

Il fallut.

PARFAIT INDÉFINI.

Il a fallu.

PARFAIT ANTÉRIEUR.

Il eut fallu.

PLUS-QUE-PARFAIT.

Il avoit fallu.

FUTUR.

Il faudra.

FUTUR PASSÉ.

Il aura fallu.

PRÉSENT CONDITIONNEL.

Il faudroit.

PARFAIT CONDITIONNEL.

Il auroit fallu. (*)

(*) *On dit aussi :* Il eût fallu.

SUBJONCTIF.

PRÉSENT *ou* FUTUR.	PARFAIT.
Qu'il faille.	Qu'il ait fallu.
IMPARFAIT.	PLUS-QUE-PARFAIT.
Qu'il fallût.	Qu'il eût fallu.

INFINITIF.

PRÉSENT.	PARTICIPE PASSÉ.
Falloir.	Ayant fallu.

I.re REMARQUE. Le mot *il* ne marque un verbe impersonnel que lorsqu'on ne peut pas mettre un nom à sa place ; car, lorsqu'en parlant d'un enfant, on dit *il joue*, ce n'est pas un verbe impersonnel, parce qu'à la place du mot *il*, on peut mettre *l'enfant*, et dire : *l'enfant joue.*

II.e REMARQUE. Plusieurs verbes actifs, neutres ou réfléchis, peuvent s'employer impersonnellement, comme *avoir*, *faire*, etc.

Exemples :

Il y a *deux jours qu'*il fait *beau.*
Il est arrivé *de grands malheurs.*
Il s'est fait *une grande inondation.*

CHAPITRE VI.

SIXIÈME ESPÈCE DE MOTS.

Le Participe. (*)

LE *Participe* est un mot qui tient du verbe et de l'adjectif, comme *aimant*, *aimé*.

Il tient du verbe, parce qu'il en a la signification et le regime : *aimant Dieu*, *aimé de Dieu*.

Il tient de l'adjectif, parce qu'il marque une qualité ou une manière d'être, comme l'adjectif. *Vertu éprouvée ; leçon bien apprise*.

Il y a trois sortes de *participes*, tant actifs que passifs. 1.° Le participe présent actif, *aimant ;* passif, *étant aimé*. 2.° Le participe passé actif, *ayant aimé ;* passif, *aimé* ou *ayant été aimé*. 3.° Le participe futur actif, *devant aimer ;* passif, *devant être aimé*.

(*) Les *participes*, à proprement parler, ne sont autre chose que deux inflexions que les verbes reçoivent à l'infinitif ; et, si nous leur consacrons un chapitre particulier, ce n'est pas précisément parce que nous regardons le *participe* comme faisant une classe de mots à part ; mais c'est parce que son importance le met dans le cas de fixer d'une manière particulière, l'attention de ceux qui veulent bien connoître les principes de la langue française.

Les deux participes primitifs sont le participe présent actif, *aimant ;* et le participe passé passif, *aimé*. Tous les autres se forment de ceux-ci, et en suivent les règles.

I. *Du Participe présent primitif.*

Le participe présent est toujours terminé en *ant*, comme *aimant*, *sentant*, *recevant*, *rendant*.

Ce participe est toujours le même, et ne change point de terminaison : il ne prend donc ni genre, ni nombre.

Il est très-essentiel de ne pas confondre le participe présent avec l'adjectif verbal, qui se termine de même. Pour cela, nous établissons deux principes généraux, qui peuvent servir de règle en cette matière.

1.° Le participe présent ne devient déclinable que lorsqu'il marque une qualité, et peut s'allier avec le verbe *être*.

Exemples :

Une maison à lui appartenante. (Dict. de l'Académie, *art.* Appartenant.)

Les rues sont pleines d'allans et de venans. (Dict. de l'Académie, *art.* Venant.)

Qui jète son bien à tous venans. (Boileau.)

Des villageois dépendans *d'une seigneurie.*

Des requêtes tendantes *à la cassation d'un jugement.*

Dans tous ces exemples, on ne trouve pas un véritable participe, mais bien des adjectifs verbaux. C'est comme s'il y avoit : *cette maison est appartenante : les rues pleines de gens qui sont allans et venans ; les villageois qui sont dépendans , etc.*

2.° Si le participe présent est précédé ou peut être précédé de *en* , il reste absolument invariable. Il est encore invariable lorsqu'il marque une circonstance , et qu'on ne peut pas l'allier au verbe *Etre*.

Exemples :

Ils vont rampant *devant les grands.*

Combien de mères tremblant *de déplaire à leurs enfans , évitent , etc.*

S'il la trouvoit pleurant *sur le tombeau de son époux.* (MARMONTEL.)

Les mots *rampant* , *tremblant* et *pleurant* , expriment une circonstance et non une qualité : ce sont donc de vrais participes , et ils doivent être invariables.

En général , si le mot terminé en *ant* a un régime exprimé ou sous-entendu , c'est un vrai participe présent : si l'on ne peut lui adjoindre aucun régime , c'est un adjectif verbal.

Exemples :

Ces couleurs sont bien changeantes. On ne peut faire sur le mot *changeant* aucune question qui indique un régime ; c'est donc un adjectif verbal.

On ne verra jamais ces femmes , changeant *de conduite , revenir à la vertu.....* *Changeant* de quoi ? *de conduite*. Le mot changeant a un régime; donc il est participe et sans aucune inflexion.

REMARQUE. Ce qu'on appelle *gérondif* n'est autre chose que le participe présent devant lequel on met la préposition *en*, comme dans cette phrase : *Les jeunes gens se forment l'esprit, en lisant de bons livres.*

II. *Du Participe passé primitif.*

Les participes passés sont : *aimé*, *senti*, *reçu*, *rendu*, et autres semblables.

Le participe passé est tantôt variable, tantôt invariable ; c'est-à-dire, que tantôt il s'accorde en genre et en nombre comme un adjectif, et que tantôt il ne change ni de genre ni de nombre.

Avant de poser des règles générales et invariables sur ce point, il est à propos de remarquer ce qui suit :

1.° Il ne s'agit point ici de l'adjectif verbal qui vient du participe passé : tout le monde convient que dans tous les cas, il s'accorde en genre et en nombre avec le nom qu'il accompagne : comme, *une maison achevée*, *un ouvrage achevé*, *des ouvrages achevés*, *des études achevées.*

2.° Il faut bien se rappeler que le *sujet* d'un participe est le nom ou pronom qui répond à la question *qui est-ce qui ?* faite avec ce participe ; et que le régime est le nom ou pronom qui répond à la question *qui* ou *quoi ?* faite avec ce participe.

I.re RÈGLE.

Le participe passé, dans tous les temps des verbes passifs, ainsi que dans tous les temps des verbes neutres combinés avec l'auxiliaire *Être*, s'accorde toujours avec son sujet, quelle que soit la place occupée par celui-ci.

Exemple :

Les sciences ont toujours été (*) protégées *par les gouvernemens éclairés.*

Une pluie abondante est tombée, etc.

Maudits *soient les pères irréligieux qui*, etc.

Qui est-ce qui est *protégé? les sciences ;* au pluriel et du féminin.

Qui est-ce qui est *tombé ? une pluie ; au* singulier et du féminin.

Qui est-ce qui doit être *maudit? les pères ;* au pluriel et du masculin.

REMARQUE. Dans les temps composés des verbes réfléchis et réciproques, c'est avec le régime, et non avec le sujet, que s'accorde le participe. Ils ne peuvent donc pas être compris dans cette première règle.

II.e RÈGLE.

Le participe passé combiné avec l'auxiliaire *avoir*, 1.° ne s'accorde jamais avec son *sujet ;* 2.° il ne s'accorde avec son *régime*

(*) Le participe *été*, n'a ni féminin, ni pluriel; on dit : *Elle a été, ils ont été.*

direct, que lorsque celui-ci est placé avant lui. Dans tous les autres cas, il reste absolument invariable.

Exemples du Participe invariable.

Les Romains ont vaincu *les nations les plus belliqueuses.*

Les Amazones avoient acquis *de la célébrité.*

Elle a écrit *une lettre.*

Dans ces trois exemples, les *sujets* sont *les Romains*, *les Amazones* et *elle;* ainsi, *vaincu*, *acquis* et *écrit* ne doivent point s'accorder avec eux.

Les Romains ont vaincu, *qui? les nations.*

Les Amazones avoient acquis, *quoi? la célébrité.*

Elle a écrit, *quoi?* une *lettre.*

Les regimes des trois exemples déjà cités sont donc *nations*, *célébrité* et *lettre.* Or, ces régimes sont placés après les participes; donc il ne sauroit y avoir entr'eux aucune espèce d'accord.

Exemples de l'Accord du participe.

Les nations que les Romains ont vaincues.

La célébrité que *les Amazones avoient* acquise, *elles l'ont* perdue.

J'ai deux poèmes nouveaux, vous les *avez* vus *chez notre ami.*

Nous sommes allés chez le Prince qui nous a accueillis *avec bonté.*

Les Romains ont vaincu, *qui?* les *nations* exprimées par le relatif *que*.

Les Amazones ont acquis, *quoi*? la *célébrité* exprimée par le relatif *que*.

Elles ont perdu, *quoi ?* la *célébrité* exprimée par le pronom *le*.

Vous avez lu, *quoi ?* les *poèmes* exprimés par le pronom *le*.

Le Prince a accueillis, *qui ? nous*.

Or, dans tous ces exemples le régime précède le participe, donc celui-ci doit s'accorder avec ce régime, en genre et en nombre.

I.re REMARQUE. Puisque le participe, combiné avec le verbe *avoir*, ne peut s'accorder jamais qu'avec son régime direct, il demeurera donc invariable toutes les fois qu'il se trouvera dans les temps composés des verbes neutres et impersonnels, ou pris impersonnellement; car ces verbes n'ont aucun régime direct.

Exemples :

Les grandes chaleurs qu'il a fait *cette année, ont* cessé *tout-à-coup*.

Il s'est fait *de belles actions parmi les jeunes gens avec qui nous avons* vécu.

Les années que Sémiramis a régné.

II.e REMARQUE. Dans les verbes réfléchis et réciproques, les temps composés sont formés, il est vrai, avec l'auxiliaire *Etre ;* mais, en cherchant le régime direct du participe, on verra évidemment que toutes les questions que l'on peut proposer sur son invariabilité, rentrent dans la deuxième règle que nous venons de donner.

Exemples :

Ces personnes se sont livrées *à l'étude de l'histoire, et par-là elles se sont* épargné *bien des ennuis.*

Elles ont livré *soi* à l'étude ; elles ont épargné *à soi* bien des ennuis.

Le participe *livré* s'accorde donc avec son régime direct *se*, placé avant lui ; tandis que le participe *épargné* a son régime direct placé après lui. *Epargné*, *quoi ?* des *ennuis à soi.*

Lucrèce s'est tuée ; *elle s'est* donné *la mort.*

Lucrèce a tué *soi :* le régime direct est devant le participe ; donc il y a accord.

Elle a donné *la mort* à soi : le régime direct de *donné* est *mort* qui se trouve après lui ; donc il n'y a point d'accord.

Nous résoudrons dans le chapitre XII, toutes les difficultés que l'on peut proposer sur les participes. Il suffit maintenant d'avoir exposé en moins de huit pages ce qui a produit plus d'un volume inutile.

CHAPITRE III.

SEPTIÈME ESPÈCE DE MOTS.

L'Adverbe.

L'ADVERBE est un mot invariable qui se joint ordinairement au verbe ou à l'adjectif, pour en déterminer la signification. Quand on dit : *Cet enfant parle distinctement*, par ce mot *distinctement*, l'on fait entendre qu'il parle d'une manière, plutôt que d'une autre.

1.° Il y a des adverbes qui marquent la *manière :* ils sont presque tous terminés en *ment*, et ils se forment des adjectifs, comme *sagement* de *sage; poliment* de *poli; agréablement* d'*agréable; modestement* de *modeste*, etc.

2.° Il y a des adverbes qui marquent *l'ordre*, comme *premièrement, secondement, d'abord, ensuite, auparavant.* Exemple : D'abord *il faut éviter le mal*, ensuite *il faut faire le bien.*

3.° Il y a des adverbes qui marquent le *lieu*, comme *où, ici, là, deçà, au-delà, dessus, partout, auprès, loin, dedans, dehors, ailleurs.* Exemples : Où, *êtes-vous ? Je suis* ici ; *Je vais* là.

4.° Il y a des adverbes de *temps*, comme *hier, autrefois, bientôt, souvent, toujours, jamais*, etc. Exemples : *Cet enfant joue* toujours, *et ne s'applique* jamais.

5.° Il y a des adverbes de *quantité*, comme, *beaucoup*, *peu*, *assez*, *trop*, *tant*, *etc.* Exemples : *Il parle* beaucoup, *et réfléchit* peu.

6.° Enfin, il y a des adverbes de *comparaison*, comme *plus*, *moins*, *aussi*, *autant*, etc. Exemple : Plus *sage*, aussi *sage*, moins *sage que vous*.

I.re Remarque. Il y a des adverbes composés de plusieurs mots, tels que *à contre-temps*, *mal-à-propos*, *tout-à-coup*, *pêle-mêle*, etc.

II.e Remarque. Certains adjectifs sont quelquefois employés comme adverbes ; on dit : chanter *juste*, parler *bas*, voir *clair*, rester *court*, frapper *fort*, sentir bon, etc. Cette rose sent *bon*.

CHAPITRE VIII.

Huitième espèce de mots.

La Préposition.

La *Préposition* est un mot invariable qui sert à marquer le rapport d'un nom, ou d'un pronom, ou d'un infinitif suivant, à un mot qui la précède. Par exemple, quand je dis, *Le fruit de l'arbre*, la préposition *de* marque le rapport qu'il y a entre *fruit* et *arbre*.

La préposition a toujours un régime exprimé ou sous-entendu ; et ce régime est le mot qui répond à la question *qui* ou *quoi ?* faite avec la préposition.

Exemples :

Le sort des *pécheurs doit nous exciter* à *prier* pour *eux*. Le sort *de qui ? des pécheurs ;* doit nous exciter *à quoi ? à prier ; pour qui ? pour eux*. *Pécheurs* est donc régime de *de ; prier* est régime de *à* ; *eux* est régime de *pour*.

Cette espèce de mot s'appelle *préposition*, parce qu'elle se met ordinairement devant le mot qui en est le régime.

PRÉPOSITIONS FRANÇAISES.

Pour marquer la place ou *le lieu.*

A. Attacher *à* la muraille ; vivre *à* Paris ; aller *à* Rome.

Dans. Être *dans* la maison ; serrer *dans* une cassette.

En. Etre *en* Italie ; voyager *en* Allemagne.

De. Sortir *de* la ville ; venir *de* la province.

Chez. Etre *chez* le Roi ; ce livre est *chez* le libraire.

Devant. Marcher *devant* le prince ; allez *devant* moi.

Après. J'irai *après* vous ; courir *après* quelqu'un.

Derrière. Les laquais vont *derrière* leur maître ; se cacher *derrière* un mur.

Parmi. Cet officier fut trouvé *parmi* les morts.

Sur. Avoir son chapeau *sur* la tête ; mettre un flambeau *sur* la table.

Sous. Mettre un tapis *sous* les pieds ; tout ce qui est *sous* le ciel.

Vers. Les yeux levés vers le ciel ; l'aimant se tourne *vers* le nord.

Pour marquer l'ordre.

Avant. La nouvelle est arrivée *avant* le courrier.

Entre. Il viendra *entre* midi et une heure ; je le tiens *entre* mes bras.

Dès. Dès sa plus tendre enfance ; cette rivière est navigable *dès* sa source.

Depuis. On la suit *depuis* Paris jusqu'à Orléans.

Jusque, *jusques.* Depuis la création *jusqu'*au déluge, ou *jusques* au déluge.

Pour marquer l'union.

Avec. Manger *avec* ses amis ; il est parti *avec* la fièvre.

Pendant. Pendant la guerre.

Durant. Durant la guerre.

Outre. Compagnie de cent hommes, *outre* les officiers.

Selon. Se conduire *selon* la raison.

Suivant. Suivant l'Evangile.

Pour marquer la séparation.

Sans. Les soldats *sans* leurs officiers.

Hormis. Tout y est entré, *hormis* deux ou trois.

Hors. Tout est perdu, *hors* l'honneur.

Excepté. Tout est perdu, *excepté* l'honneur.

Pour marquer l'opposition.

Contre. Sujets révoltés *contre* le prince; plaider *contre* quelqu'un.

Malgré. Il est parti *malgré* moi.

Nonobstant. Il a fait cela, *nonobstant* mes représentations.

Pour marquer le but.

Envers. Charitable *envers* les pauvres; son respect *envers* ses supérieurs.

Touchant. Il m'a écrit *touchant* cette affaire.

Pour. Travailler *pour* le bien public; étudier *pour* son instruction.

Pour marquer la cause, le moyen.

Par. Fléchir *par* ses prières; tout a été créé *par* la parole de Dieu.

Moyennant. J'espère, *moyennant* la grâce de Dieu.

Attendu. Le courrier n'a pu partir, *attendu* le mauvais temps.

CHAPITRE

CHAPITRE IX.

Neuvième espèce de mots.

La Conjonction.

La *Conjonction* est un mot invariable, qui sert à joindre une phrase à une autre phrase. Par exemple quand on dit : *Il pleure* et *il rit en même temps*, le mot *et* sert à joindre la première phrase *il pleure*, avec la seconde *il rit*. Quand on dit : *Il faut* que *j'étudie bien*, le mot *que* joint la première phrase *il faut*, avec la seconde *j'étudie bien*.

Les principales conjonctions sont :

1.° Pour marquer la liaison : *et*, *ni*, *aussi que*.

2.° Pour marquer opposition : *mais*, *cependant*, *néanmoins*, *pourtant*.

3.° Pour marquer division : *ou*, *ou bien*, *soit*.

4.° Pour marquer exception : *sinon*, *quoique*.

5.° Pour comparer ; *comme*, *de même que*, *ainsi que*.

6.° Pour ajouter : *de plus*, *d'ailleurs*, *outre que*, *encore*.

7.° Pour rendre raison : *car*, *parce que*, *puisque*, *vu que*.

8.° Pour marquer l'intention : *afin que*, *de peur que*.

9.° Pour conclure : *or*, *donc*, *ainsi*, *de sorte que*.

10.° Pour marquer le temps : *quand*, *lorsque*, *comme*, *dès que*, *tandis que*.

11.° Pour marquer le doute : *si*, *supposé que*, *pourvu que*, *en cas que*.

Il y a plusieurs autres conjonctions ; l'usage les fera connoître. La plus ordinaire est *que* ; et ce qui la distingue du *que* relatif ou interrogatif, c'est qu'elle ne peut pas se tourner par *quel*, *lequel*, *laquelle*.

Les conjonctions, quand elles ont un régime, n'en ont pas d'autre que le verbe suivant, qu'elles régissent, les unes à l'indicatif, les autres au subjonctif.

Voici celles qui régissent ordinairement le subjonctif : *soit que*, *sans que*, *si ce n'est que*, *quoique*, *jusqu'à ce que*, *encore que*, *à moins que*, *pourvu que*, *supposé que*, *au cas que*, *avant que*, *non pas que*, *afin que*, *de peur que*, *de crainte que*, et en général, quand on marque quelque doute ou quelque souhait, comme : *Je souhaite*, *je doute* que *cet enfant devienne laborieux*.

REMARQUE. On voit, par ce que nous venons de dire, qu'il y a des conjonctions composées de plusieurs mots ; telles sont : *à moins que*, *afin que*, *pourvu que*, etc.

CHAPITRE X.

Dixième espèce de Mots.

L'Interjection.

L'Interjection est un mot invariable, qui sert à marquer les mouvemens subits de l'ame, tels que la joie, la douleur, l'admiration, etc.

La joie : *ah! bon!*

La douleur : *aye! ah! hélas! ouf!*

La crainte : *ha! hé!*

L'aversion : *fi, fi donc.*

L'admiration : *oh!*

Pour encourager : *ça, allons, courage.*

Pour appeler : *holà! hé!*

Pour faire taire : *chut, paix.*

CHAPITRE XI.

De l'Orthographe.

L'Orthographe est la manière d'écrire correctement tous les mots d'une langue. On pourroit dire plutôt, que c'est la manière de les écrire conformément à l'usage reçu et adopté par les meilleurs Ecrivains.

ARTICLE I. *DES SIGNES ORTHOGRAPHIQUES.*

Les signes en usage dans l'Orthographe, sont *l'accent*, *l'apostrophe*, le *tréma*, les *traits d'union et de séparation*, la *cédille*, la *parenthèse* et les *guillemets*.

L'Accent.

Il y a trois sortes d'accent dans la langue française, l'*aigu* (´), tourné de droite à gauche; le *grave* (`), tourné de gauche à droite; et le *circonflexe* (ˆ), tourné dans les deux sens. L'accent aigu se met sur les *é* fermés, et sur l'avant-dernier *e* des mots terminés par le son *ege*, comme *ils abrégent*, *piéges*, etc.

On ne met point l'accent aigu sur les *é* fermés suivis d'un z, comme *venez*, *vous partirez*; ni sur les *é* fermés suivis d'un *r*, comme *aimer*, *travailler*, et les autres infinitifs de la première conjugaison, dont l'*e* est fermé, quand le mot suivant commence par une consonne.

L'accent grave se met, 1.° sur tous les *è* ouverts, et sur l'avant-dernier *e* de tous les mots terminés par le son de l'*e* muet, comme *pères*, *ils trouvèrent*, etc. 2.° Sur la voyelle *a*, toutes les fois qu'en formant un monosyllabe elle est préposition, comme *à le voir*, *je vais à Paris*, etc. 3.° Sur la voyelle *u*, dans le mot *où*, pronom et non conjonction, comme: *le lieu* où *nous allons*, *là* où *vous êtes*, etc. Il ne faut pas d'accent dans *ou* conjonction. *Vous* ou *moi y irons ; la musique* ou *le dessin ; voilà les délassemens où je trouve du plaisir.*

L'accent circonflexe se met sur l'*é* très-ouvert, et sur toutes les voyelles après lesquelles il y a eu suppression de lettre, comme *bâton*, *fête*, *épître*, *sûr*, qui s'écrivoient autrefois *baston*, *feste*, *epistre*, *seur*. On met aussi l'accent circonflexe, 1°. sur *dû*, participe passé du verbe *devoir*, afin de distinguer ce mot de l'article *du* ; mais on supprime l'accent au féminin : *cela m'est dû, ces choses me sont dues.* 2.° Sur le mot *crû*, participe de *croître*, et sur le même mot signifiant accroissement, ou bien le terroir où croît quelque chose ; *le crû des arbres ; vin de mon crû.* 3.° Sur *nôtre*, *vôtre*, quand ils ne sont pas suivis d'un nom. 4.° Sur la première et la seconde personne du pluriel du parfait défini, et sur la troisième personne du singulier de l'imparfait du subjonctif dans tous les verbes ; comme : *nous aimâmes*, *vous partîtes*, *nous lûmes ; qu'il aimât*, *qu'il partît*, *qu'il lût*, *qu'il devînt.*

L'Apostrophe.

L'*apostrophe* (') marque le retranchement d'une de ces trois lettres *a*, *e*, *i*, et empêche de confondre deux mots en un seul. On ne l'emploie que devant une voyelle ou un *h* muet. Voici les monosyllabes qui admettent l'apostrophe.

Le, *la* : *l'*épervier, *l'*hirondelle.

Je, *me* : *j'*aime l'étude, je *m'*y livre.

Te, *ce* : je *t'*assure que *c'*est un mal.

Se, *de* : *s'*enivrer *d'*orgueil.

Ne, *que* : il *n'*y a *qu'*un moment.

Si ne prend l'apostrophe que devant *il* ou *ils* ; *s'*il part, *s'*ils arrivent.

Quelque prend l'apostrophe devant *un*, *autre* : *quelqu'*un, *quelqu'*autre.

Entre la prend devant *eux*, *elles*, *autres*, et devant un verbe : *entr'*autres, *entr'ouvrir*.

Jusque la prend ordinairement devant *à*, *au*, *aux*, *ici* : *jusqu'*à Paris, *jusqu'*ici.

Remarque. *A* et *e* ne se suppriment point dans le pronom *le*, *la*, régime d'un impératif : *prenez*-le *avec vous* ; *menez*-la *à Paris*.

Le Tréma.

On appelle *Tréma* (¨) deux points que l'on place sur les voyelles *e*, *i*, *u*, précédées d'une autre voyelle, quand ces lettres doivent être prononcées séparément de la voyelle qui précède ; comme *naïf*, *Saül*, *ciguë*. Sans le tréma, on prononceroit *naïf* comme *nef*, *Saül* comme *Saul* ou *Paul* ; et la dernière syllabe de *ciguë* comme celle de *figue*.

Quand l'une des deux voyelles qui se suivent peut être accentuée, le tréma devient inutile, et l'on met l'accent : ainsi l'on écrira *réussir*, et non pas *reüssir* ; *poète* et non *poëte*.

Les traits d'union et de séparation.

Le *trait d'union* (-) se met entre les verbes et les pronoms monosyllabes qui en sont régimes ou sujets, quand ces pronoms sont placés après le verbe ; comme *irai-je* , *donnez-lui* , *prends-en* , etc.

On met encore le trait d'union entre deux mots tellement joints ensemble qu'ils n'en font plus qu'un : *chef-d'œuvre* , *avant-coureur*, etc.

On le met aussi entre *très* et l'adjectif ou adverbe qui suit : *très-beau* , *très-bien* , etc.

En un mot , on met le trait d'union à la fin d'une ligne , toutes les fois qu'il reste une partie de mot pour la ligne suivante. Il faut observer que toutes les lettres appartenantes à une syllabe ne peuvent se séparer , et que le partage ne peut avoir lieu devant *l* mouillé , non plus que devant ou après *y* pris pour deux *i*. La section ne vaut donc rien dans les mots suivans : *boui-llon* , *bouil-lon* , *péri-lleux* , *pa-ysan* , *envo-yons ;* mais elle est bonne dans *phy-sique* , parce que l'*y* de ce dernier mot ne tient pas la place de deux *i* , et qu'il n'y existe qu'en vertu de la dérivation grecque de *physique*.

Le trait de séparation , un peu plus long que le précédent, annonce un changement d'interlocuteurs , lorsqu'on supprime les *dit-il*, *reprit il* , etc.

Qu'Eléazar paroisse , et dans l'instant choisisse
Entre ces alimens et le dernier supplice.
Eléazar se lève , et plein d'un saint transport :
Me voici , répond-il – Que choisis-tu ? – La mort !
» –Tu mourras.-Frappe.. Hé quoi, tyran, ta main balance. »

La Cédille.

La *Cédille* (¸) est un signe qui se met sous le ç , devant *a* , *o* , *u*, pour avertir qu'il doit avoir le son de deux *ss*, comme dans *façon*, *leçon*, *reçu*, etc.

La Parenthèse.

On appelle *Parenthèse* deux crochets ( ), entre lesquels on renferme quelques mots détachés. Exemple : *Celui qui évite de s'instruire (c'est le sage qui parle) tombera dans le malheur.*

Les Guillemets.

Les *Guillemets* (») se placent devant le premier mot, et après le dernier mot d'un discours cité.

ARTICLE II. *DE LA PONCTUATION.*

La *Ponctuation* est la manière de marquer, en écrivant, les endroits du discours où l'on doit s'arrêter, pour en distinguer les parties.

On se sert de six marques pour la ponctuation ; savoir : la *virgule* (,), le *point avec la virgule* (;), les *deux points* (:), le *point* (.), le point d'interrogation (?), et le point d'admiration ou d'exclamation (!).

I.

1.° La virgule sert à séparer des noms, ou des adjectifs, ou des verbes qui se suivent.

Exemples :

La candeur, la docilité, la simplicité, sont les vertus de l'enfance.

La charité est douce, patiente, bienfaisante.

2.° La virgule sert à distinguer les différentes parties d'une phrase.

Exemple :

L'étude rend savant, et la réflexion rend sage.

3.° La virgule sert à remplacer un verbe sous-entendu.

Exemple :

Le printemps donne des fleurs, et l'automne, des fruits.

4.° La virgule sert à séparer l'incident qui se trouve entre un mot et son régime, entre un verbe et son sujet.

Exemple :

Quels peuples oseront, *dans le champ de l'histoire*,
Disputer aux Français, les palmes de la gloire ?
Et le savant Mably, *quand il peint Phocion*,
Pense comme Socrate, écrit comme Platon.

II.

Le point avec la virgule se met entre deux phrases dont l'une dépend de l'autre.

Exemple :

La douceur est, à la vérité, une vertu ; mais elle ne doit pas dégénérer en foiblesse.

III.

1.° Les deux points se mettent après une phrase finie, mais suivie d'une autre qui sert à l'étendre ou à l'éclaircir.

Exemple :

Il ne faut jamais se moquer des misérables : car qui peut s'assurer d'être toujours heureux ?

2.° On emploie les deux points, toutes les fois qu'on annonce un discours, ou une citation renfermant un sens complet.

3.° On se sert des deux points, à la fin d'une proposition générale qui est suivie d'une énumération, comme dans la phrase suivante: *Tout plaît dans cet ouvrage : la finesse des remarques, la justesse des pensées, le choix des exemples.*

Si l'énumération se trouve avant la proposition générale, celle-ci sera précédée de deux points..... *La finesse des remarques, la justesse des pensées, le choix des exemples : tout plaît dans cet ouvrage.*

Si l'on veut suspendre brusquement le sens d'une phrase, ou la suite d'un discours, on met plusieurs points en ligne horizontale (....).

Par la mort.... il n'acheva pas,
Car il avoit l'ame trop bonne.

I V.

Le point se met à la fin des phrases, quand le sens est entièrement fini.

Exemple :

Le mensonge est le plus bas de tous les vices.

V.

Le point d'interrogation se met à la fin des phrases qui expriment une interrogation.

Exemple :

Quoi de plus beau que la vertu ?

Remarquez cependant que, si l'interrogation se faisoit indirectement, il faudroit maintenir le point ordinaire, comme dans la phrase suivante : *Dites-moi quelle heure il est.*

V I.

Le point d'admiration ou d'exclamation se met après les phrases qui expriment l'admiration, et après les mots qui expriment une exclamation.

Exemples :

Qu'il est doux de servir le Seigneur !
Hélas ! combien il y a de malheureux !

ARTICLE III. *DES LETTRES MAJUSCULES.*

On doit mettre une grande lettre ou *majuscule*, 1.° au commencement de chaque phrase ; et dans la poésie, au commencement de chaque vers ; 2.° dans les noms propres d'homme, de lieu, de peuple, etc. 3.° Dans les noms de dignité, d'art et de science, lorsqu'ils font le principal sujet du discours.

Exemples :

Qu'est-ce que la Grammaire ?
Je vous ai assez entretenu sur l'Agriculture.
Les Romains agissoient ainsi.
L'Archiduc a passé par Ratisbonne.
Le Roi est rentré en France.

Ecrivez sans majuscule, *un roi malheureux, un soldat français ; les princes qui ne connoissent pas, etc.*

CHAPITRE XII.

REMARQUES particulières sur les parties du Discours.

ARTICLE I.er DES LETTRES.

A monosyllabe est toujours marqué d'un accent grave, à moins qu'il ne forme la troisième personne du présent du verbe *avoir*. *Il* a *mal* à *la tête et* à *la jambe.*

B placé dans le courant d'un mot veut toujours *m* devant lui, et jamais *n*. *Ambassadeur*, *embléme*. On en excepte le mot *bonbon*, et son dérivé *bonbonnière*.

C a le son du *g* dans *Claude*, *second* et ses dérivés (*segond*, *Glaude.*) On ne prononce pas cette lettre à la fin des mots *marc* (*poids ou lie*), *tabac* devant une consonne, *flanc*, *broc*, *croc*, instrument de fer ou de bois. Le c a le son de *k* devant *a*, *o*, et *u*; mais lorsqu'on veut l'adoucir, ou lui donner le son du *s*, devant ces trois voyelles, il faut le marquer d'une cédille (ç). *Il commença*, *j'aperçois*, *vous reçûtes.*

Ch se prononce comme *k* dans les mots suivans: *Chersonèse*, *Chalcédoine*, *Chaldée*, *chiromancie*, *Melchisédech*, *archiépiscopal*, *Michel-Ange*, etc.

D se supprime aujourd'hui à la fin du mot

blé, qui s'écrivoit anciennement *bled*. Mais on conserve cette lettre à la fin de *pied*, parce qu'il y a des cas où cette consonne demande une liaison avec le mot suivant, comme : *il a mis pied à terre*, (Pié-t'à terre). Le *d* prend le son du *t* lorsqu'il se lie avec une voyelle initiale. Quelquefois on supprime l'*e* muet au féminin de *grand ;* mais on le remplace par une apostrophe (') : *Grand'mère*, *grand'-messe ; grand'rue*. Le *d* ne se fait pas sentir.

F prend le son du *v* quand il se lie à la voyelle initiale d'un mot qui suit ; aussi lorsqu'on veut avoir le féminin d'un adjectif terminé par *f*, on change cette consonne en *v*, et l'on y ajoute l'*e* muet. *Neuf*, *neuve ; naïf*, *naïve ;* il a *neuf* ans, prononcez *neu-vans*. Ne faites pas sentir le *f* au pluriel. *Les bœufs*, *les œufs*, se prononcent *beus*, *eus*.

G se prononce *gue* devant les voyelles *a*, *o*, *u*, comme dans *gabelle*, *gobelet*, *figure ;* quand on veut l'adoucir, on interpose un *e* entre le *g* et la voyelle qui suit. *Il mangea*, *geôlier*, *gageure*. Avant que l'on eût imaginé la cédille sous le *c*, on se servoit aussi de l'*e* pour adoucir le *c* devant *a*, *o*, *u ;* car, dans les livres imprimés au seizième siècle, on lit *commencea* pour *commença*, *receu* pour *reçu*.

Ecrivez *oignon*, et prononcez *ognon*.

H, aspiré dans *héros*, ne l'est point dans les dérivés de ce nom. Ecrivez *le héros* et *l'héroïsme ;* prononcez *les héros*, comme *lè éros* ; et les *héroïnes* ; *vertus héroiques*, comme s'il y avoit *lè zéroïnes*, *vertus zéroiques*.

L, au milieu et à la fin des mots, quand il est précédé d'un *i*, est ordinairement *mouillé*, et se prononce comme à la fin de ces mots, *soleil*, *orgueil*, *famille*, *bouillir*.

M, dans un mot, se met à la place de *n*, et en prend le son, devant un *p* ou un *b*, comme dans *ambassadeur*, *empereur*, etc. On prononce les deux *mm* dans les noms propres, et dans les mots qui commencent par *imm*, comme *immense*, *immortel*, etc.

N, à la fin des noms, ne sonne pas, quoique suivi d'une voyelle : ainsi prononcez *pain excellent* ; et non pas *pain-nexcellent* ; *intention hostile*, et non pas *intention-nhostile*. Mais il sonne à la fin d'un adjectif suivi d'un nom auquel il se rapporte : *ancien usage* se prononce comme s'il y avoit *ancien-nusage*.

Ecrivez avec deux *nn*, *honneur*, et avec un seul *n*, *honorer*, *honorable*, *honorifique*. Ecrivez aussi avec deux *nn*, *solennel*, *solennité*, que l'on prononce *sol-an-nel*, *sol-an-nité*. On écrivoit autrefois, *solemnel*, *solemnité*.

Rr doublés se prononcent dans *erreur*, *horreur*, *terreur*, et dans les mots qui en sont dérivés. Les deux *rr* se prononcent encore dans les mots qui commencent par *irr*, comme *irrégulier*, etc. Les deux *rr* se prononcent enfin au futur de l'indicatif, et au conditionnel présent des verbes *acquérir*, *courir*, *mourir*, et de leurs dérivés.

S, entre deux voyelles, se prononce comme z. Exemple : *maison*, *poison*; excepté les mots *préséance*, *présupposer*, etc. où l'on conserve la prononciation forte de l'*s*.

T, suivi de *i* et d'une autre voyelle, dans les noms et leurs dérivés, prend le son de deux *ss*. *Attention*, *action*, se prononcent comme *attenssion*, *acssion*. Mais il garde sa prononciation dans les noms où il est précédé de *s* ou de *x*, comme dans *question*, *mixtion*, *indigestion*. On ne fait pas sentir le *t* à la fin des mots, *respect*, *aspect*; prononcez *respec humain*.

U, précédé de *g*, ne se fait pas sentir dans les mots *guise* (manière), *anguille*, *sanguin*, *sanguinaire*. Mais on le prononce dans *aiguille*, *aiguillon*, *aiguiser*, la ville de *Guise*, etc. *U* a le son de *ou* dans *aquatique*, *équateur*, *quadrature*, *quadruple*, etc. qui se prononcent *acouatique*, etc. On supprime l'*u* dans *vide*, *vider*, que l'on écrivoit *vuide*, *vuider*.

X a tantôt le son de *cs*, comme dans *extrême*, *luxe*, etc.; tantôt de *gz*, comme dans *exercice*, *Xavier*; tantôt de deux *ss*, comme dans *Auxerre*, *Bruxelles*, *Aix*; tantôt de *z*, comme dans *deuxième*, *dixième*, *etc.*

Diphtongues et nazales.

I.

Une *diphtongue* est un assemblage de plusieurs voyelles qui font entendre un son double, et qui néanmoins se prononcent par une seule émission de voix : *Dieu*, *moi*, *lui*, *vieux*, *miel*, *suie*, *coin*, *juin*, etc., sont des diphtongues.

II.

Les voyelles nazales sont celles dont le son vient un peu du nez. Les nazales sont composées d'une des cinq voyelles, suivie, dans la même syllabe, d'une des lettres *m* ou *n*, telles que *an*, *am*, *en*, *em*, *in*, *ain*, *om*, *um*, etc., toutes terminées par un *m* ou un *n*. On trouve des nazales dans les mots : *ambition*, *pensant*, *pain*, *faim*, *entretien*, etc.

OBSERVATION.

Toutes les lettres des mots ne sont pas d'une nécessité absolue pour fixer la prononciation ; c'est ainsi que l'on prononce de la même manière *vin*, à boire, l'adjectif *vain*, et le nombre *vingt* ; *la faim*, besoin de manger, et la *fin*, terme d'une chose. Ces lettres qui paroissent inutiles, ne peuvent cependant pas être omises ; mais la dérivation doit servir de règle générale pour leur emploi. On écrit :

Divin par *i*, à cause de *divine*, *divinité*.

Etaim, *faim*, par *a* et *m*, à cause de *étamure*, *famine*.

Plein par *e*, à cause de *plénitude*.

Plaine par *a*, à cause de *surface plane*.

Vain, homme vain, à cause de *vanité*.

Art. II. *Des Noms.*

Noms composés.

Quand un nom est composé d'un adjectif et d'un nom, ils prennent tous deux la marque du pluriel. Exemple : un *gentilhomme ;* des *gentilshommes.*

Quand il est composé de deux mots unis par une préposition, on ne met la marque du pluriel qu'au premier des deux noms. Exemples : un *chef-d'œuvre*, des *chefs-d'œuvre ;* un *arc-en ciel*, des *arcs-en-ciel.*

Quand il est composé d'une préposition ou d'un verbe et d'un nom, le nom seul prend la marque du pluriel. Exemples : un *entresol*, des *entresols ;* un *garde-fou*, des *garde-fous ;* un *abat-jour*, des *abat-jours.*

Noms qui ont les deux genres.

Tous les noms appartiennent exclusivement à un genre ; cependant la Langue française offre des exceptions à ce principe. La plupart de ces exceptions, il est vrai, viennent de la différente acception qu'on a donnée aux noms ; c'est ainsi, par exemple, qu'*un livre*, volume imprimé ou manuscrit, diffère d'*une livre*, poids ou monnoie. Voici le petit nombre de ceux qui ont à peu près la même signification dans les deux genres :

Aigle, masculin, quand il signifie oiseau de proie ; pupître d'Eglise en forme d'aigle ; homme à grands talens. Ailleurs, il est féminin, c'est-à-dire, quand il s'agit de la constellation de ce nom ; de l'enseigne des légions romaines : de la figure de l'oiseau dans les armoiries.

Amour, masculin au singulier, est féminin au pluriel. *De nouvelles amours, de folles Amours*. (DICT. de l'Académie.) Si, sous le nom d'*amour*, on désigne des personnes mythologiques, il faut conserver le masculin au pluriel. *Ce tableau représente de petits amours qui folâtrent.*

Automne, du genre que l'on veut; cependant l'usage préfère le masculin, afin que les quatre saisons soient du même genre.

Chose, féminin, *une belle chose ;* mais s'il est précédé de *quelque*, il devient masculin : *c'est quelque chose de bien dur.* Dans ce cas il devient pronom indéfini.

Couple, masculin quand il désigne l'union : *voilà un couple bien uni*, *un couple bien assorti.* Ailleurs, ce mot est féminin : *une couple d'œufs.*

Délice, masculin au singulier : *c'est un délice pour moi;* et féminin au pluriel : *ce sont mes plus chères délices.* On dit pourtant : *c'est le plus grand de mes délices*, parce que le singulier est avant.

Enfant, des deux genres, *un joli enfant*, *une belle enfant*.

Enseigne, masculin, pour dire un officier qui porte le drapeau; féminin partout ailleurs.

Equivoque, du genre que l'on veut : l'usage préfère le féminin.

Exemple d'écriture, féminin : *une belle exemple d'écriture*; masculin en tout autre sens.

Foudre, féminin. Dans le sens figuré, ou quand ce mot désigne un grand vase pour mettre le vin, il est masculin. *Un foudre de guerre; ce foudre tient dix hectolitres*. Quand le mot *foudre* est suivi de son adjectif, on peut choisir le genre que l'on veut. *Le foudre vengeur*, *la foudre vengeresse*.

Garde, homme qui garde, masculin. Partout ailleurs féminin.

Gens veut le féminin devant lui, et le masculin après. *Les vieilles gens sont soupçonneux*. On dit cependant : *tous les honnêtes gens*, et cela toutes les fois que l'adjectif qui précède *gens*, a la même inflexion pour les deux genres.

Hymne qu'on chante à l'Eglise, féminin, hors de là masculin.

OEuvre, ordinairement féminin; *c'est une œuvre pie; les bonnes œuvres;*

œuvres détachées d'un auteur. Il est masculin en Alchimie, et lorsqu'il désigne une production particulière en gravure et en musique. *Travailler au grand œuvre... Avoir tout l'œuvre de Deboissieu... Le second œuvre de Pleyel.* (DICT. de l'Académie.)

Orgue, masculin au singulier, et féminin au pluriel. *C'est un bel orgue; voilà de belles orgues.* Dites aussi : *c'est le plus harmonieux des orgues.*

Pendule, masculin quand il désigne le balancier d'une horloge; féminin quand il signifie l'horloge même.

Personne, toujours féminin quand il est nom : *C'est une belle personne.* Il devient masculin quand il est pronom, c'est-à-dire, quand il est construit avec *ne*, ou qu'il est pris dans un sens interrogatif. *Personne n'est plus charmant que lui. Est-il personne plus instruit dans cette partie ?*

L'usage apprendra les autres noms de deux genres, dont l'énumération seroit trop longue.

Noms d'un seul nombre.

Plusieurs noms collectifs, c'est-à-dire, qui expriment une pluralité d'objets, excluent le nombre singulier, comme, les *Alpes*, les *Cevennes*, les *Pyrenées*, etc. Les autres sont, *annales*, *ancêtres*, *broussailles*, *décombres*, *entrailles*, *entrefaites*, *fiançailles*, *hardes*, *mânes*, *mœurs*, *ténèbres*, etc.

Les noms qui n'admettent point de pluriel sont, 1.° ceux des métaux, minéraux, dignités ou sciences : comme *or*, *argent*, *platine*, *encens*, *royauté*, *papauté*, *musique*, *géométrie*, *physique*, etc. On dit cependant : *magasin de fers*, *briser ses fers*, *des fers à friser*, *le dernier des cuivres de la Bible de Mortier s'est brisé*, pour dire la derniere des planches gravées sur cuivre.

2.° Les noms de vices et de vertus, comme *ivrognerie*, *pudeur*, *chasteté*, etc., et plusieurs autres relatifs à l'homme physique ou moral ; comme *enfance*, *vieillesse*, *sagesse*.

3.° Les adjectifs pris substantivement et sans l'addition d'un autre adjectif ; comme, *le beau*, *le vrai*, *l'utile*, etc. ; mais on peut dire *des rouges différens*.

Remarque. Les mots transportés des langues étrangères, sans être naturalisés dans la nôtre par un changement de forme, s'emploient au pluriel sans la caractéristique de ce nombre. On dit des *pater*, des *ave*, des *alinéa*, des *errata*, des *in-promptu*, des *in-folio*, des *in-quarto*, des *zéro*, des *accessit*, etc.

Noms partitifs.

On appelle ainsi les noms qui expriment une collection partielle, ou qui marquent la partie d'un plus grand nombre ; comme, *la plupart*, *une infinité*, *beaucoup*, etc.

I.re RÈGLE. Les noms partitifs, suivis d'un nom pluriel, veulent le verbe et l'adjectif au pluriel.

Exemples :

La plupart des enfans sont légers.

Peu d'enfans sont attentifs.

Une troupe de jeunes Phéniciens, vêtus *légèrement*, dansèrent, etc.

Une foule d'amis sont venus *me voir.*

Tant d'années d'habitude étoient *des chaînes de fer, qui me lioient à ces deux hommes.*

II.e RÈGLE. Les noms partitifs, suivis d'un nom singulier, veulent l'adjectif, le pronom et le verbe au singulier.

Exemples :

Une immense quantité de peuple étoit présente *à ce spectacle.*

La plupart du monde est *également facile à recevoir des impressions, et* négligent *à s'en éclaircir* (NICOLE.)

Jamais tant de beauté fut-elle couronnée. (RACINE.)

REMARQUE. Lorsque les mots *infinité* et *la plupart* sont seuls et pris dans un sens absolu, ils veulent le verbe au pluriel, soit que le nom auquel ils se rapportent se trouve au pluriel ou non.

Exemple :

Le Sénat fut partagé ; la plupart vouloient *que....* la plupart furent *d'avis*, etc. (DICT. de l'Académie.)

Dans le sens partitif on met *de* et non pas *des*, devant un adjectif. Comme *j'ai lu* de *bons livres*, et non pas *des* bons livres ; *j'ai vu* de *belles maisons*, et non pas *des* belles maisons.

L'Académie dit aussi *de bonne viande*, *de belle viande*. (Art. Viande.) (*)

Art. III. *De l'Article.*

Nous ne pouvons, dans un livre élémentaire, discuter l'opinion des Grammairiens qui admettent deux articles, l'un *défini*, l'autre *indéfini*, et qui veulent même un article *partitif*, soit défini, soit indéfini. Nous disons donc affirmativement, qu'il n'y a, dans la Langue française, qu'un seul article, lequel est toujours défini, puisque sa fonction est d'annoncer la détermination. Quant aux mots *du*, *des*, que l'on regarde comme des articles *indéfinis*, ce sont des mots composés d'une préposition et de l'article. Lorsqu'on dit par exemple : des *gens très-habiles sont quelquefois dupés par* des

(*) M. Fabre et d'autres Grammairiens, pensent que cette règle ne doit avoir lieu que pour le pluriel, et d'après cela, on m'a reproché d'avoir dit, dans mon *Dictionnaire Géographique* : tel pays produit *de bon* vin, d'*excellent* blé. On auroit préféré, *du bon vin* et *de l'excellent blé*. Mais comme j'ai cru devoir suivre le sentiment de l'Académie, plutôt que celui de tels ou tels Grammairiens, je me suis contenté de rappeler aux critiques, l'article du Dictionnaire de l'Académie.

sots, c'est comme si l'on disoit : *un nombre de gens très-habiles sont quelquefois dupés par une partie des sots ;* où l'on voit qu'à l'aide de la préposition *de*, on réduit l'espèce *gens* aux *très-habiles* seulement, et la masse générale des *sots* seulement à une partie. Ainsi, la fonction de ces mots n'est que pour marquer qu'il y a ellipse dans ces sortes de phrases. De même, quand on dit : *donnez-moi du pain*, ce n'est point l'article indéfini *du* qui restreint l'étendue de la signification du mot *pain*, et qui nous fait entendre qu'il ne s'agit que d'un morceau du pain et non du pain entier ; mais c'est la restriction annoncée par la préposition *de*, qui marque le sens d'extrait. C'est comme si l'on disoit : *donnez-moi une portion de ce pain.* (*)

RÈGLE GÉNÉRALE. Quand dans une phrase, on emploie un article, il doit être répété avant tous les noms, sujets ou régimes.

Exemples : La *fraude*, la *violence*, le *parjure*, les *procès*, les *guerres ne font jamais entendre leur voix cruelle et emportée dans ce pays chéri des dieux.*

ART. IV. *DES ADJECTIFS.*

I.

Il y a des adjectifs qui s'emploient comme noms, tels que *le vrai*, *l'utile*, etc. Exemple :

(*) Ceux qui en voudroient davantage sur cet objet, peuvent consulter la *Grammaire de Levizac*, tom. 2. pag. 206 et suiv.

Rien

Rien n'est beau que le vrai ; le vrai *seul est aimable.*

Il y a d'autres adjectifs qui s'emploient comme adverbes, comme *parler* bas, *voir* clair, *sentir* bon.

II.

L'accord de l'adjectif avec le nom auquel il se rapporte, est la première règle de la Syntaxe ; donc c'est pecher contre cette règle que de dire : *cette femme à l'air bonne ;* il faut, *l'air bon.*

REMARQUE. On emploie souvent le mot *air* à contre-sens ; c'est ainsi qu'en 1791, on avoit mis en question, s'il falloit dire : *cette soupe a un air bon.* L'acception du mot *air* étant de désigner plutôt une attitude qu'une qualité apparente, il valoit beaucoup mieux dire : *cette soupe* paroît *bonne.* (*)

Nous avons dit (*page* 23) que l'adjectif qui se rapporte à deux noms singuliers, se met au pluriel : voilà la règle générale. Il faut observer si les deux noms sont des personnes ou des choses ; car c'est de cette observation que découlent les exceptions que peut avoir cette règle. Si l'adjectif se rapporte à des personnes, la règle s'observe dans tous les

(*) La Harpe, dit-on, décida qu'il falloit : *cette soupe a l'air bonne ;* dans ce cas, *bonne* ne se rapporte pas à *air*, mais à *soupe* : ce qui arrive toutes les fois que le sujet est un nom de chose inanimée Alors aussi, il y a ellipse du mot *d'être :* c'est comme si l'on disoit : *cette soupe a l'air d'être bonne.* Voilà, je pense, la seule manière d'expliquer la décision de La Harpe; mais je doute que cet excellent écrivain eût lui-même employé cette expression. (*Note de l'Editeur.*)

cas, sans aucune exception. Si l'adjectif se rapporte à des choses, il faut savoir si les noms des choses sont en sujet ou en régime dans la phrase.

Si les noms sont en sujet, l'adjectif qui s'y rapporte doit toujours être au pluriel; car si un verbe qui a deux sujets doit se mettre au pluriel, à plus forte raison l'adjectif qui est une dépendance nécessaire des sujets. Un Grammairien doit donc trouver peu exact ce vers de Racine :

Mais le fer, le bandeau, la flamme *est* toute *prête.*

Si au contraire les noms des choses forment un régime, on ne fera accorder l'adjectif qu'avec le dernier.

Exemple :

Il avoit la bouche et les yeux ouverts, ou *les yeux et la bouche* ouverte.

Observez toutefois, que cette dernière règle suppose que l'adjectif est placé à la fin de la phrase; car s'il y avoit ensuite un *que* relatif et un participe, on seroit embarrassé pour ne faire accorder le participe qu'avec le dernier nom de chose. Dans le cas donc où l'adjectif ne termineroit pas la phrase, placez le nom féminin avant le masculin, afin d'éviter toute difficulté.

REMARQUE. Quand un nom est accompagné de deux adjectifs qui expriment des qualités différentes, l'article doit se répéter avant chaque adjectif. Donc il faut dire : *la Langue française et l'italienne ont beaucoup de rapports entr'elles ; ce maître enseigne la Langue latine, la française et l'espagnole*, et non point *les Langues française et italienne.*

III.

L'adjectif *nu*, placé devant le nom, est invariable, et se joint à ce nom par un trait d'union : *nu-jambes*, *nu-tête*. Placé après le nom, il n'est plus invariable : *jambes nues.*

IV.

Plusieurs adjectifs ont un sens différent, suivant la place qu'ils occupent. Par exemple : *Un homme grand* est un homme d'une haute taille ; *un grand homme* est un homme d'un mérite rare : *un honnête homme* est un homme de probité ; *un homme honnête* est un homme qui a de la politesse : *un pauvre auteur* est un auteur de peu de mérite ; *un auteur pauvre* est un auteur sans fortune, etc. etc.

V.

Les adjectifs *fat* et *châtain* n'ont point de féminin.

Feu, signifiant mort depuis peu, ne prend le féminin, que lorsqu'il est précédé de l'article *la*. On dit *feu la reine* et *la feue reine.*

Il y a des mots qui sont tantôt substantifs et tantôt adjectifs, tels que *ambassadeur*, *acteur*, *chanteur*. Leur féminin est *ambassadrice*, *actrice*, *chanteuse.*

Auteur, *poète*, ne prennent point de féminin.

Chasseur fait au féminin *chasseresse*, seulement en poésie : autrement c'est *chasseuse.*

ART. V. *DES NOMS ET ADJECTIFS NUMÉRAUX.*

Cent et *vingt* prennent la caractéristique du pluriel, quand ils sont précédés d'un autre nombre et suivis d'un nom : *deux cents hommes, quatre-vingts ans, six-vingts arbres.*

Mais *cent* et *vingt* demeurent invariables s'il vient après eux un autre nom de nombre : *trois* cent *dix hommes*, *quatre*-vingt-*dix ans.* On dit cependant *huit* cents *millions*, parce que *million* est pris substantivement.

Ecrivez *vingt-un* ou *vingt et un ; quarante et un* ou *quarante-un ;* mais toujours *vingt-deux*, *quarante-trois*, etc. (*)

Mille est toujours invariable ; *dix mille hommes.* Quelquefois ce mot signifie une mesure itinéraire, par exemple de mille mètres ; et alors il prend l'inflexion plurielle. *Exemple :* Il y a vingt *milles* de ma maison à la ville.

Pour la date des années, on écrit *mil. Exemple :* le froid fut très-vif en *mil* sept cent neuf.

Demi reste invariable devant un nom ; mais, placé après un nom, il en prend le genre. Dites : *une* demi-*lieue*, *une* demi-

---

(*) M. Constant Letellier, dans l'édition qu'il a donnée de la Grammaire de Lhomond, *page* 131, affirme que l'on doit dire : *vingt et un an ;* et, *ce mois a trente et un jour*, laissant *an* et *jour* au singulier. Il est vrai que l'Académie l'avoit ainsi décidé autrefois, pour les cas où il n'y auroit aucun adjectif après *an* et *jour ;* mais le temps a abrogé cette décision, et l'on doit écrire : *vingt-un* ans ; *trente-un* jours. (*Note de l'Editeur.*)

heure, *des* demi-*mesures*, et *une heure et* demie, *une lieue et* demie. On dit aussi : *cette horloge sonne les heures et les* demies ; *la* demie *est sonnée*.

ART. VI. *DES PRONOMS.*

Pronoms personnels.

1.° *Vous* employé pour *tu*, veut le verbe au pluriel, mais l'adjectif suivant reste au singulier.

Exemple :

Mon fils, *vous* serez estimé, *si vous* êtes sage.

2.° *Le*, *la*, *les*, sont quelquefois pronoms, et quelquefois ils sont articles. L'article est toujours suivi d'un nom : le *frère*, la *sœur*, les *hommes :* au lieu que le pronom est toujours joint à un verbe, comme *je* le *connois*, *je* la *respecte*, *je* les *estime*.

Le pronom *le* ne prend ni genre, ni nombre quand il tient la place d'un adjectif ou d'un verbe. Par exemple, si l'on disoit à une dame : *Madame*, *êtes-vous malade?* il faudroit qu'elle répondît : *oui*, *je* le *suis*, et non pas *je* la *suis*, parce que *le* se rapporte à l'adjectif *malade*. — *On doit s'accommoder à l'humeur des autres autant qu'on le peut :* je mets *le*, parce qu'il se rapporte au verbe *accommoder*.

REMARQUE. Il faut que le rapport soit très-exact entre le pronom et le mot auquel il correspond. Voltaire a donc transgressé cette loi, quand il écrivoit à Destouches, auteur de la pièce du *Glorieux* :

> Vous qui fîtes le Glorieux,
> Il ne tiendroit qu'à vous de l'être.

Il ne tiendroit qu'à vous d'être la comédie du Glorieux. C'est le sens que le génie de la langue indiqueroit ; mais ce n'est pas celui que Voltaire y attachoit.

3.° N'employez le pronom *soi* que lorsque le sujet de la phrase est un mot vague et indéterminé, comme *on*, *chacun*, *ce*, *etc.*

Exemples :

On ne doit jamais parler de soi.
Chacun songe à soi.
N'aimer que soi, *c'est être mauvais citoyen.*

Pronoms démonstratifs.

1.° *Ce* devant le verbe *être*, veut ce verbe au singulier, excepté quand il est suivi de la troisième personne plurielle. On dit c'est *moi*, c'est *toi*, c'est *lui*, c'est *nous*, c'est *vous qui* ; mais il faut dire : ce sont *eux*, ce sont *elles*, ce sont *vos ancêtres qui ont bâti cette maison.*

2.° *Celui-ci*, *celui-là*, s'emploient de cette manière ; *celui-ci*, pour la personne dont on a parlé en dernier lieu ; *celui-là*, pour la personne dont on a parlé en premier lieu.

Exemple :

Les deux philosophes, Héraclite et Démocrite, étoient d'un caractère bien différent : celui-ci *rioit toujours*, celui-là *pleuroit sans cesse.*

3.° *Ceci* désigne une chose plus proche ; *cela* désigne une chose plus éloignée.

Exemple :

Je n'aime pas ceci ; *donnez-moi* cela.

Pronoms possessifs.

I.

Mon, *ton*, *son*, s'emploient au féminin devant une voyelle ou une *h* muet. On dit : Mon *ame*, pour *ma ame ;* ton *humeur*, pour *ta humeur*, *etc.*

II.

1.° Employez toujours le pronom *son*, *sa*, *ses* après le mot *chacun*, et jamais *leur*, *leurs*. (*)

Exemple :

Ils ont tous apporté des offrandes au temple, chacun selon ses *moyens.*

I.ere Remarque. On ne peut pas se servir de *son*, *sa*, *ses*, toutes les fois que le sens est incomplet avant *chacun*. Ainsi l'on ne dira pas : *ces deux charettes perdirent chacune* son *essieu ;* parce que le sens est suspendu avant le mot *chacune*. On ne peut pas dire non plus, qu'*elles ont perdu chacune* leur *essieu ;* parce que *ces deux charettes* se trouvant divisées en deux unités par le distributif *chacune*, *leur essieu* ne peut plus convenir à chacune de ces deux unités, puisque chaque charette n'a pas *l'essieu des deux*, comme l'indiqueroit le pronom *leur*. Il vaut mieux dire : *chacune de ces deux charettes a perdu* son *essieu*.

(*) Observez néanmoins, que l'Académie veut qu'on emploie *leur*, quand *chacun* se trouve avant le régime du verbe ; et que l'on mette *son*, *sa*, *ses*, lorsque *chacun* est après le régime. Les motifs de nos remarques semblent détruire cette règle. Consultez, au reste, la Syntaxe de Fabre. (*Note de l'Editeur.*)

II.e Remarq. C'est encore une faute de dire : *les maris s'y rendirent avec leurs femmes* ou *leur femme*. On ne peut pas mettre *femmes* au pluriel, parce que chaque mari n'a qu'une femme; on ne peut pas mettre le singulier, parce qu'il y a plus d'une femme pour tous les maris. Il faut donc dire : *les maris s'y rendirent, chacun avec sa femme*, ou mieux : *chaque mari s'y rendit avec sa femme*.

2.° Il ne faut pas se servir de *son*, *sa*, *ses*, *leur*, *leurs*, à la place d'un nom de chose, lorsque ce nom n'est pas exprimé dans la même phrase; ainsi, ne dites pas : *Paris est beau, j'admire* ses *bâtimens;* mais dites : j'en *admire les bâtimens*.

Mais si le nom de chose est exprimé dans la même phrase, on se sert de *son*, *sa*, *ses*, *leur*, *leurs*, et l'on dit : *Le Rhône a* sa *source dans la Suisse*. On se sert encore de *son*, *sa*, *ses*, etc. quand ils sont régis par une préposition : *Paris est beau, j'admire la grandeur* de ses *bâtimens*.

Pronoms relatifs.

I.

1.° *Qui* relatif est toujours de la même personne que son antécédent; ainsi il faut dire : *moi* qui *ai vu*, *vous* qui *avez vu*, *nous* qui *avons vu; moi* qui *m'intéresse*, etc.

2.° *Qui* relatif est toujours sujet d'un verbe suivant, à moins qu'il ne soit précédé d'une préposition.

Remarque. *Qui* se change en *lequel*, *laquelle*, *lesquels :* 1.° pour éviter l'équivoque : *l'estime des honnêtes gens*, laquelle *m'est tou-*

jours chère ; j'ai assisté aux concerts de nos amateurs, lesquels *sont très-fréquentés.* (En mettant *qui* après *gens* et *amateurs*, il y auroit eu équivoque.) 2.° On substitue *lequel*, etc. à *qui*, pour éviter la répétition désagréable du même mot. 3.° Lorsque le relatif est un peu éloigné de son antécédent. 4.° Lorsque l'antécédent exprime des choses et non des personnes, et que le relatif est précédé d'une préposition : *la paix après* laquelle *je soupire*, et non *après qui ; les lettres* auxquelles *j'ai répondu*, et non *à qui*. Mais il faut dire : *les personnes* à qui *j'ai répondu.*

II.

1.° *Que* relatif est toujours régime direct d'un verbe suivant, à moins qu'il ne puisse être précédé d'une préposition, comme dans ces mots : *Le jour* que *je vous ai vu;* c'est-à-dire, *le jour* auquel *je vous ai vu.*

2.° Il faut dire : *C'est en Dieu* que *nous devons mettre notre espérance ;* et non pas, *en qui : C'est à vous-même* que *je veux parler;* et non pas, *à qui je veux.* (Dans ces deux phrases, *que* n'est pas relatif, mais conjonction.)

Pronoms indéfinis.

I.

Tout, mis pour *quoique.*

1.° *Tout*, mis pour *quoique*, *entièrement*, ne change point de nombre devant un adjectif masculin; ainsi dites : *Les enfans*, tout *aimables qu'ils sont, ne laissent pas d'avoir bien des défauts.*

2.° *Tout* ne change ni de genre, ni de nombre, devant un adjectif féminin pluriel, qui commence par une voyelle ou un *h* muet. Ainsi dites : *Ces images*, tout *amusantes qu'elles sont, ne me plaisent pas.*

3.° Mais si l'adjectif féminin est au singulier, ou si, étant au pluriel, il commence par une consonne, alors on met *toute, toutes.*

Exemples :

Cette image, toute *amusante qu'elle est, ne me plaît pas.*

Ces images, toutes *belles qu'elles sont, ne me plaisent pas.*

I I.

Quel que, quelle que, quelque.... que.

1.° *Quelque.... que* s'emploie de cette manière : S'il y a un adjectif entre *quelque* et *que*, alors *quelque* ne prend jamais *s* à la fin.

Exemple :

Les rois, quelque *puissans qu'ils soient, ne doivent pas oublier qu'ils sont hommes.*

2.° S'il y a un nom entre *quelque* et *que*, alors on met *quelque* au même genre que le nom, quand même ce nom seroit accompagné d'un adjectif.

Exemple :

Quelques *brillantes qualités* que *vous ayez, soyez toujours modeste.*

3.° Si le nom n'est placé qu'après le *que* et le verbe, alors il faut écrire ces deux mots séparés, *quel* ou *quelle que*, *quels* ou *quelles que*.....

Exemples :

Quelle que *soit votre force*, quelles que

soient vos richesses vous ne devez pas vous enorgueillir.

Votre puissance, quelle qu'*elle soit*, *ne vous donne pas le droit de mépriser les autres.*

III.

1.° *On*, masculin de sa nature, devient féminin, lorsqu'il s'applique exclusivement au sexe féminin. Ainsi une mère parlant à sa fille, lui dira : *on est* belle, *quand on est* vertueuse.

2.° Il ne faut pas mettre dans la même phrase deux *on*, deux *qui*, etc., dont l'un n'auroit pas le même rapport que l'autre.

Massillon a donc fait une faute dans le Sermon sur le Jugement dernier, quand il dit : *ON est si vif sur une préférence, lorsque dans une occasion d'éclat ON nous oublie, ON nous laisse confondus dans la foule.* Le premier *on* se rapporte à ceux qui sont oubliés et laissés, et le second, à ceux qui oublient. Pour rendre la phrase plus exacte, il faut dire : *On est si vif, etc. lorsqu'on reste oublié, confondu dans la foule.*

ART. VII. *DES VERBES.*

Signification des principaux Temps.

Il y a dans les verbes trois temps principaux, le *présent*, le *passé* et le *futur*. Chacun de ces temps donne naissance à plusieurs autres, dont nous allons voir le sens et l'usage dans les quatre modes.

I. *Indicatif.*

1.° Le présent marque que la chose est ou se fait actuellement : *Je parle, vous entendez.* Le présent se met quelquefois pour le futur, quand on parle d'une chose qui se fera prochainement : *Je pars ce soir, je reviens demain.*

2.° L'imparfait (*je sortois*) marque qu'une chose étoit ou se faisoit en même temps qu'une autre, dans un temps passé : *Je sortois, quand vous êtes arrivé.*

3.° Le parfait défini (*je reçus*) marque une chose faite dans un temps entièrement écoulé, et éloigné d'un jour au moins de celui où l'on parle : *Je reçus votre lettre hier, le mois dernier, l'année passée*, etc.

4.° Le parfait indéfini (*j'ai eu*) marque une chose faite dans un temps dont il peut rester encore quelque partie à s'écouler : *J'ai eu la fièvre aujourd'hui, hier, l'année passée*, etc.

5.° Les deux parfaits antérieurs marquent une chose passée avant une autre qui est aussi passée. Ils diffèrent en ce que le parfait antérieur défini (*j'eus dîné*) s'emploie avec le parfait défini, au lieu que le parfait antérieur indéfini (*j'ai eu dîné*) s'emploie avec le parfait indéfini. Parfaits définis : *Quand j'eus dîné, j'allai me promener.* Parfaits indéfinis : *Quand j'ai eu dîné, je suis allé me promener.*

6.° Le plus-que-parfait (*j'avois fini*), et le plus-que-parfait antérieur (*j'avois eu fini*), marquent qu'une chose étoit déjà faite, quand une autre s'est faite. *J'avois fini, lorsque vous êtes arrivé* ou *lorsque vous arrivâtes.... Si j'avois eu fini plutôt je ne vous aurois pas fait attendre.*

7.° Le futur (*j'aimerai*) marque qu'une chose sera ou se fera : *Quand j'aimerai mes devoirs, je serai heureux.*

8.° Le futur passé (*j'aurai fini*) marque une chose qui ne se fait pas encore, mais qui sera faite avant une autre : *Quand j'aurai fini; je partirai. J'aurai fini* marque un temps tout à la fois *futur* et *passé* : futur par rapport au temps où je parle; passé, par rapport au temps où je partirai, puisque *je ne partirai* qu'après que *j'aurai fini.*

9.° Le présent conditionnel (*je me corrigerois*) marque qu'une chose seroit ou se feroit à présent ou dans l'avenir, moyennant une condition : *Si je le voulois fortement, je me corrigerois. Si je le voulois*, voila la condition; *je me corrigerois*, voilà la chose qui se feroit.

10.° Le parfait conditionnel (*j'aurois fait* ou *j'eusse fait*), et le parfait antérieur conditionnel (*j'aurai eu fini* ou *j'eusse eu fini*) marquent qu'une chose auroit été faite, moyennant une condition : *Si j'avois été plus laborieux, j'aurois fait* ou *j'eusse fait plus de progrès. J'aurois eu fini* ou *j'eusse eu fini avant vous, si je n'avois été interrompu.*

L'usage de quelques-uns des temps antérieurs est assez rare; il faut pourtant savoir les reconnoître, quand ils se rencontrent.

II. *Impératif.*

1.° Le présent ou futur : *Partez maintenant, et revenez demain.*

2.° Le parfait (*ayez fini*) marque une chose passée, par rapport au verbe qui précède ou qui suit : *Ayez fini quand je reviendrai.*

III. *Subjonctif.*

1.° Le présent ou futur (*que je parte*) : *Il faut que je parte actuellement* ou *demain.*

2.° L'imparfait (*que je partisse*) marque de même un présent ou un futur, par rapport au verbe qui précède : *Il faudroit que je partisse actuellement* ou *demain.*

3.° Le parfait (*que j'aie fini*), et le plus-que-parfait (*que j'eusse fini*), marquent une chose passée, par rapport au verbe qui précède ou qui suit : *Il faut que j'aye fini quand vous viendrez. Il auroit fallu que j'eusse fini quand vous êtes arrivé.*

IV. *Infinitif.*

1.° Le présent (*venir*) marque un présent par rapport au verbe qui précède, et par conséquent il peut désigner tous les temps. *Je le vois venir ; je l'ai vu partir ; je le verrai arriver.*

2.° Le parfait (*avoir travaillé*) marque un passé, par rapport au verbe qui précède : *Vous paroissez avoir travaillé.*

3.° Le futur (*devoir réussir*) marque un futur, par rapport au verbe qui précède : *Vous paroissez devoir réussir.*

Telle est la signification la plus ordinaire des différens temps : plusieurs d'entr'eux ont encore d'autre sens, que l'usage et la réflexion feront apercevoir.

Manière de distinguer, dans un verbe, les différens temps qui se ressemblent.

Dans un grand nombre de verbes, différens modes ou temps ont quelques personnes semblables à celles d'un autre mode ou d'un autre temps, et qui s'écrivent, ou du moins se prononcent de même.

Par exemple, dans ces deux phrases : *Je crois qu'il aime son devoir ; Je doute qu'il aime son devoir ;* on ne voit pas d'abord à quel mode est le mot *aime*, parce qu'il appartient également au présent de l'indicatif et au présent du subjonctif. Pour se tirer d'embarras, il ne s'agit que de mettre à la place du verbe de la phrase, quelqu'autre verbe d'une conjugaison différente, mais surtout le verbe *faire.* Ainsi, dans les phrases proposées, *je crois qu'il aime, je doute qu'il aime ;* on dira, *je crois qu'il fait, je doute qu'il fasse ;* et l'on verra que, dans la première phrase, le verbe *aime* est à l'indicatif, et que, dans la seconde, il est au subjonctif.

Sujet des Verbes.

Le sujet, soit nom ou pronom, se place après le verbe,

1.° Après les verbes impersonnels. Exemple : *Il est arrivé* un grand malheur.

2.° Après *tel*, *ainsi*. Exemples : *Tel étoit* son avis ; *Ainsi mourut* ce prince.

3.° Quand on rapporte les paroles de quelqu'un. Exemple : *Je me croirai heureux, disoit* un bon roi, *quand je ferai le bonheur de mes sujets.*

4.° Quand on interroge. Exemple : *Que penseront de vous* les gens honnêtes, *si vous n'êtes pas sage? Irai*-je? *Viendras*-tu ? *Est*-il *arrivé ?*

Quand le verbe qui précède *il*, *elle*, *on*, finit par une voyelle, on ajoute un *t* devant *il*, *elle*, *on*. Exemples : *Appelle*-t-*il*, *Viendra*-t-*elle ? Aime*-t-*on les paresseux ?*

REMARQUE. Si le mot est terminé par un *e* muet à la première personne, rendez l'*é* fermé devant le pronom *je*. Exemples : *Dussé-je*, *Aimé-je ;* et non *dusse-je*, *aime-je*. Ce qui rentre dans cette règle générale, que tout mot terminé par le son *ége*, veut un accent aigu sur l'avant-dernier *e*.

L'usage ne permet pas toujours cette manière d'interroger à la première personne, parce que la prononciation en seroit rude et désagréable ; ne dites pas *cours-je*, *mens-je*, *dors-je*, *sors-je*, etc. : il faut prendre un autre tour, et dire : *est-ce que je cours ? est-ce que je ments? est-ce que je dors ?*

Observations sur l'Impératif.

1.° L'Impératif *va* du verbe *aller*, prend un *s*, quand il est suivi du pronom *y*. Exemple :

Vas-y. Si le pronom *y* étoit lui-même suivi d'un verbe, alors on écriroit sans *s* : *Va y donner ordre*. Si le même impératif *va* est suivi du pronom *en*, on met un *t* entre deux : *Va-t-en*.

2.° Les impératifs terminés par un *e* muet prennent un *s* quand ils sont suivis des mêmes pronoms *y* et *en* : *Demeures-y ; Donnes-en à ton frère*.

Dites : *Menez-y-moi*, et non pas *menez-m'y*.

A quel temps du subjonctif il faut mettre le verbe qui suit la conjonction que, *quand elle veut le subjonctif*.

Iere RÈGLE. Mettez le second verbe (celui qui est après le *que*) au présent du subjonctif, quand le premier verbe est au présent ou à l'un des futurs, de quelque mode que ce soit.

Exemples :

Je veux que vous soyez *attentif*.
Faites en sorte que j'obtienne.
Il faudra que vous veniez.
Craindre que la mort ne nous surprenne, *c'est être sage*.
Quand il aura voulu que je le fasse.

II. RÈGLE. Mettez le second verbe à l'imparfait du subjonctif, quand le premier est à l'un des parfaits, imparfaits et plus-que-parfaits, de quelque mode que ce soit, ou bien au présent conditionnel.

Je craignois , j'ai craint , je craignis , j'avois craint que vous *ne* fussiez *malade.*

Je désirerois que vous vinssiez.

Ils auroient bien désiré que mes frères le reçussent.

Après avoir ordonné que je fusse *conduite en ces lieux.*

III.e RÈGLE. Mettez le second verbe au parfait du subjonctif, quand le premier est au présent de quelque mode que ce soit, au prétérit, et aux deux futurs de l'indicatif.

Exemples :

*Il faut que j'*aye *fini aujourd'hui.*

Ordonnez qu'il ait *fait ce matin.*

Il a fallu que je me sois *plaint, pour obtenir justice.*

Nous déciderons qu'elles aient *achevé leur ouvrage avant le dîner.*

*Quand il aura ordonné que j'*aye *fait.*

Vous êtes trop complaisant pour penser que je me sois *jamais plaint de vous.*

IV.e RÈGLE. Mettez le second verbe au plusque parfait du subjonctif, quand le premier est au présent ou au prétérit conditionnel.

Exemples :

*Tu voudrois bien que j'*eusse *fait ton discours.*

Il auroit fallu que vous eussiez *fini.*

EXCEPTION. Quoique le premier verbe soit au parfait, on peut mettre le second au présent ou au parfait du subjonctif, quand il exprime une action qui n'est pas encore faite, ou qui se fait habituellement.

Exemples :

Dieu nous a donné deux yeux, *afin que l'un* puisse *suppléer au défaut de l'autre.*

Je vous ai donné peu d'ouvrage, *afin que vous* ayez fini *ce soir.*

Verbes en oyer, ayer, ier.

Dans les verbes en *oyer*, *ayer*, comme *employer*, *essayer*, etc., on écrit au présent de l'indicatif, *nous employons*, *nous essayons* ; à l'imparfait de l'indicatif et au présent du subjonctif, on écrit *nous employions*, *nous essayions*, *vous employiez*, *vous essayiez*, etc.

Dans les verbes en *ier*, comme *prier*, *crier*, etc. on écrit, au présent de l'indicatif, *nous prions*, *vous priez*, etc. ; à l'imparfait de l'indicatif, et au présent du subjonctif, on écrit *nous priions*, *etc.*

ART. VIII. *DES PARTICIPES.*

I.

Dans les participes, comme dans les adjectifs, le féminin n'est rien autre chose que le masculin, auquel on a ajouté un *e* muet; et en ôtant cet *e* muet, on doit retrouver le masculin. Ainsi, pour savoir quelle est la lettre finale des participes *fini*, *couvert*, *peint*, *vendu*, *écrit*, *permis*, ôtez l'*e* muet des féminins, *chose finie*, *couverte*, *peinte*, *vendue*, *écrite*, *permise*; il vous restera les participes masculins *couvert*, *peint*, *écrit*, avec un *t* final; *permis*, avec un *s*; *vendu* et *fini*, sans *t* ni *s* final.

II.

Le participe suivi d'un infinitif ne laisse pas d'embarrasser en certaines occasions : la règle la plus sûre à suivre en pareil cas est celle-ci :

Pouvez-vous placer le régime entre le participe et l'infinitif ? — Oui. — Le participe se décline ? — Non. — Le participe reste indéclinable.

I.er *Exemple.*

Les personnes que j'ai entendues *chanter.*

J'ai *entendu* les personnes *chanter*. Le régime peut se placer entre le participe *entendu* et l'infinitif *chanter* : donc il y a accord.

II.e *Exemple.*

Ces cantiques ne sont point nouveaux, je les ai entendu *chanter il y a dix ans.*

Peut-on dire j'ai *entendu* ces cantiques *chanter ?* non, mais bien *j'ai entendu chanter ces cantiques ;* donc il n'y a point d'accord entre le participe *entendu* et le mot *cantiques*, qui se rapporte à l'infinitif *chanter*.

Par la même raison, vous direz d'une femme qui s'amuse à peindre : *je l'ai* vue *peindre ce matin ;* j'ai vu elle qui peignoit. Mais si vous parlez d'une femme dont on fait le portrait, vous direz : *je l'ai vu peindre*, c'est-à-dire, *j'ai vu peindre elle.* Dans le premier cas, *j'ai vu* quoi ? *elle ;* or, ce régime est avant le participe. Dans le 2.ᵉ cas, *j'ai vu* quoi? *peindre elle* : or, *peindre* est censé le régime de *vu*, et il est après ce participe. Ce qui revient à la 2.ᵉ règle générale que nous avons donnée, *page* 88.

III.ᵉ *Exemple.*

La règle que j'ai commencé *à expliquer*, *dans la leçon que je vous ai donnée.* J'ai commencé *quoi?* *à expliquer* cette règle. Le mot de la réponse est après le participe ; il n'y a point d'accord.

J'ai donné *quoi? la leçon.* Le mot de la réponse précède le participe, il y a accord.

Venons à un problème grammatical, qui a partagé et partage encore l'opinion des meilleurs Grammairiens.

Doit-on dire : *des personnes se sont présentées à la barrière, et je les ai* laissées *passer*, ou *laissé?*

Il faut, disent les uns, *je les ai* laissées *passer*, parce que *passer* étant un verbe neutre n'a point de régime, et que l'on doit tourner ainsi la phrase : *j'ai laissé* ces personnes *passer*. Pareillement, ajoutent-ils, il faut dire, *les livres que j'ai* laissés *tomber* ; *j'ai laissé* des livres *tomber*. (*)

(*) J'ai été sur le point de partager cette opinion, et même de rétracter, dans la 2.ᵉ édition, ce que j'avois dit sur ce sujet dans la première ; mais, après avoir bien pesé les raisons de part et d'autre, j'ai conclu que la saine logique devoit l'emporter sur les subtilités grammaticales, et je persiste à croire qu'il faut dire : *les livres que j'ai* laissé *tomber*.

Mais que l'on y réfléchisse bien, et l'on verra que, dans les exemples cités, le mot *laissé* n'a pas une signification plus active que les verbes neutres *passer* et *tomber*. Si je disois : *j'étois à la promenade avec vos sœurs, mais je les ai* laissées *dans la maison voisine ; j'ai de belles heures de messe, mais je les ai* laissées *sur la cheminée ;* il est évident que le participe devroit être au féminin pluriel, parce qu'ici le verbe *laisser* est véritablement actif. Au lieu que dans les premières phrases, le participe et l'infinitif qui le suit, doivent être considérés comme ne formant qu'une seule expression. Aussi Racine, dans Britannicus, a-t-il fait dire à Néron, en parlant de Junie :

> Immobile, saisi d'un long étonnement,
> Je l'*ai laissé* passer dans son appartement.

Les mêmes observations doivent avoir lieu pour le participe *fait*, suivi d'un infinitif. Dites donc : *cette personne s'est présentée à ma porte et je l'ai* fait *entrer. Elle étoit malade, et le remède qu'on lui a donné l'a* fait *mourir. Les troupes qu'on a* fait *marcher.*

REMARQUE. Par une suite des principes que nous venons d'établir, il faudra dire : *je vous ai rendu tous les services que j'ai* pu, *que j'ai* dû, *que j'ai* voulu. Il est clair qu'on ne *peut* pas, on ne *veut* pas des *services ;* mais on *peut*, on veut les *rendre.* Il y a donc une ellipse dans la phrase, et l'on a eu intention de dire : *je vous ai rendu tous les services que j'ai* pu, *que j'ai* dû, *que j'ai* voulu *vous rendre.* C'est encore par une ellipse que l'on dit : *cette langue est beaucoup plus difficile que je ne l'avois cru* ; et non *crue ; ils sont plus riches que vous ne l'aviez imaginé* .... j'avois cru, vous aviez imaginé cela.

III.

Le participe reste invariable, quand il a pour régime le pronom *en*.

Exemples :

Avez-vous reçu des nouvelles de votre fils ? j'en ai reçu, et non *reçues*.

Ce général a gagné plus de batailles que d'autres n'en ont lu, et non pas *lues*.

Le pronom *en* étant, par sa nature, du masculin et du singulier, ne peut communiquer ni féminin, ni pluriel au participe, et dans les phrases citées, il ne remplace pas *des nouvelles* et *des batailles* seulement, mais encore un mot sous-entendu qui, n'étant pas spécifié, ne sauroit avoir de genre.

Remarque. Si le pronom *en* est régime indirect, c'est-à-dire, s'il ne remplace qu'un nom et la préposition *de*, le participe cesse d'être invariable ; comme : *la faveur que j'en ai* reçue ; *les écus que j'en ai* obtenus. Il est clair que *faveur* et *écus* sont les régimes directs de *recevoir* et *obtenir*, et que *en*, dans l'une et l'autre phrases, est mis pour une personne dont on a précédemment parlé.

ART. IX. *DES ADVERBES.*

1.° Les adverbes n'ont jamais de régime. Ceux qu'on appelle adverbes de quantité, comme *beaucoup*, *combien*, *peu*, *trop*, *assez*, *que*, *etc.* peuvent bien passer pour des adverbes dans les phrases suivantes, et autres semblables : *j'ai* beaucoup *marché ; Il a* trop *parlé ; Vous avez* assez *joué ;* Que *les hommes sont foibles ! etc.* Mais ils deviennent noms partitifs ou pronoms, quand ils sont suivis de *de* et d'un régime, comme quand on dit : Assez *de repos ;* Trop *de curiosité ;* Beaucoup *de prudence ;* Peu *d'activité ;* Que *de lâcheté ! etc.*

REMARQUE. Le nom partitif *bien*, veut toujours après lui, l'article combiné avec la préposition *de ;* comme, *vous avez bien de l'esprit*, *bien* des *gens*, *cette robe a bien* de la *fraîcheur*, *nous avons bien* du *regret.*

2.° *Plus* et *davantage* ne s'emploient pas toujours l'un pour l'autre : *davantage* ne peut être suivi de la préposition *de*, ni de la conjonction *que ;* on ne dit pas : *Il a* davantage *de brillant que de solide ;* mais *plus de brillant.* On ne dit pas : *Il se fie* davantage *à ses lumières qu'à celles des autres ;* mais *il se fie* plus *à ses lumières.*

Davantage ne peut s'employer que comme adverbe. Exemple : *La science est estimable*, *mais la vertu l'est bien* davantage.

3.° Ne confondez pas l'adverbe *près de*, qui signifie *sur le point de*, avec l'adjectif *prêt à*, qui signifie *disposé à ;* on ne dit point :

point : *Il est* prêt à *tomber ;* mais *il est* prêt de *tomber.*

Ne confondez pas *à la campagne* et *en campagne ;* ce dernier ne se dit que du mouvement des troupes : *L'armée est en campagne ;* mais il faut dire : *J'ai passé l'été* à la *campagne.*

Art. X. *Des Prépositions.*

Excepté et *supposé*, devant un nom ou un pronom, ne prennent ni genre ni nombre, parce qu'ils sont prépositions. Placés après le nom ou le pronom, ils prennent le genre et le nombre, parce qu'alors ils sont participes.

Exemples :

Ces principes supposés, *tous m'entendront*, excepté *ceux qui n'auront pas écouté.*

I I.

1.° La préposition a toujours un régime ; c'est en quoi elle diffère essentiellement de l'adverbe qui n'en a jamais. Ainsi l'on évitera facilement de confondre *autour* avec *à l'entour*. Le premier est préposition : *autour d'un trône ;* *à l'entour* n'est qu'un adverbe, et il n'a point de régime : *il étoit sur son trône, et ses fils étoient* à l'entour. *Les échos d'*alentour.

2.° Ne confondez pas *avant* et *auparavant ;* *avant* est une préposition, et elle est suivie d'un régime : *Avant l'âge, avant le temps ;* *auparavant* n'est qu'un adverbe, et il n'a point de régime : *Ne partez pas sitôt ; venez me voir* auparavant.

3.° On peut indifféremment employer les prépositions *au travers* et *à travers ;* mais la première est suivie de la préposition *de : Au travers* des *ennemis : à travers* n'en est pas suivi, on dit : *A travers les ennemis.*

ART. XI. *DES CONJONCTIONS.*

Que, *conjonction.*

A quel temps du subjonctif il faut mettre le verbe qui suit la conjonction que, *quand elle veut le subjonctif.*

(Voyez à la page 137.)

Si, *conjonction.*

1.° *Si* est conjonction, quand il exprime une condition : *Si vous veniez, vous me feriez plaisir.* Mais il est adverbe, quand il peut se tourner par *tellement* ou par *aussi : Si Dieu n'étoit pas aussi bon, que deviendroient les pécheurs ?*

2.° *Que* précédé de *et*, se met souvent pour *si.* Exemple : *Si vous travaillez bien, et que vous réussissiez,* c'est-à-dire, *et si vous réussissez.*

ART. XII. *DES RÉGIMES.*

1.° Un nom peut être régi par deux adjectifs ou par deux verbes à la fois, pourvu que ces adjectifs ou ces verbes ne veuillent pas un régime différent.

Exemples :

Cet homme est utile et cher à sa famille.

Cet officier attaqua et prit la ville.

Mais on ne peut pas dire : *Cet homme est utile et chéri* de sa famille, parce que l'adjectif *utile* veut *à* et non pas *de* devant son régime. On ne peut pas dire : *Cet officier attaqua et s'empara* de la ville, parce que le verbe *attaquer* ne veut pas de préposition devant son régime.

2.° Tous les mots qui servent de régime à un verbe, doivent être homogènes, c'est-à-dire, appartenir à une même espèce de mots. C'est donc une faute de dire : *elle n'aime ni la danse, ni à se promener.* Le premier régime étant un nom, il ne falloit pas un verbe après. Ainsi l'on doit dire : *elle n'aime ni la danse, ni la promenade ;* ou bien, *elle n'aime ni à danser, ni à se promener.*

3.° Le régime direct du verbe passif est, comme on l'a vu, le nom ou pronom qui fait l'action marquée par ce verbe. On l'appelle régime *direct*, pour le distinguer du régime *indirect*, qui reste toujours le même, à l'actif et au passif.

Par exemple, dans cette phrase, où le verbe est actif : *Le mauvais exemple détourne les jeunes gens de la vertu ; mauvais exemple* est sujet, *jeunes gens* est régime direct, *vertu* est régime indirect. En changeant l'actif en passif, on a cette nouvelle phrase, qui a le même sens que la première : *Les jeunes gens sont détournés de la vertu par le mauvais exemple ;*

jeunes gens est devenu sujet, *mauvais exemple* est devenu regime direct, et *vertu* est resté régime indirect, comme il étoit à l'actif.

CHAPITRE XIII.

DE L'ANALYSE DU DISCOURS.

Construction des Phrases.

I.

LA phrase simple est la réunion de plusieurs mots qui forment un sens. Exemple : *La vertu conduit au bonheur.*

Il ne peut pas y avoir de phrase qui n'ait au moins un sujet et un verbe exprimé ou sous-entendu.

Il n'y a pas de nom, ou pronom, ou adjectif, ou verbe qui ne soit ou sujet ou régime ; ou bien qui ne s'accorde avec un autre mot. N'exceptez que le nom par lequel on adresse la parole à une personne ; comme dans ces mots : *Mon frère, je pars.*

II.

Le sujet, avec les mots qui en dépendent, se place ordinairement à la tête de la phrase ; ensuite vient le verbe ; après lui, l'adverbe, ou la préposition avec son régime ; et enfin les régimes du verbe, avec les mots qui dépendent de ces régimes. Quand ces régimes sont d'une longueur inégale, le plus court se place le premier : s'ils sont d'une égale longueur, c'est le régime direct qui se place le premier. Mais il faut que cet arrangement ne forme pas d'équivoque, comme dans cette phrase : *La réflexion inspire des vues utiles aux personnes sensées.* On ne sait pas si je veux dire que ces vues *sont utiles aux personnes sensées*, ou que la réflexion les *inspire aux personnes sensées* ; si c'est ce dernier sens que j'ai voulu faire entendre, il falloit dire : *La réflexion inspire aux personnes sensées des vues utiles.*

Le sujet se place après le verbe, quand ce sujet est suivi de plusieurs mots qui en dépendent, et c'est ordinairement le dernier membre de la phrase qui doit être le plus long.

Exemple :

C'est ici que mourut, ce grand, ce conquérant, cet homme tant vanté dans le monde.

Le régime se met quelquefois avant le verbe, pour donner plus de vivacité à la phrase.

Exemple :

Cette justice *qui nous est quelquefois refusée par les hommes, Dieu saura bien nous la rendre un jour.*

Justice est régime de *rendre*, aussi-bien que le pronom *la*.

III.

Outre les phrases simples, il y a des phrases composées.

La phrase composée ou la *période* est un assemblage de plusieurs phrases simples, dépendantes les unes des autres, et liées ensemble par des pronoms relatifs, ou par des conjonctions.

Exemple :

Nous savons qu'un enfant, qui aime ses devoirs, est chéri de ses parens.

Dans cette période, la phrase principale est, *nous savons.* Ces mots, *un enfant est chéri de ses parens*, sont une phrase dépendante, qui se lie à la principale par la conjonction *que.* Ces mots, *qui aime ses devoirs*, forment une autre phrase dépendante, liée à la principale par le pronom relatif *qui.* On l'appelle aussi *incidente*, parce qu'on pourroit la supprimer, sans détruire le sens du reste de la phrase.

Analyse d'une phrase.

Analyser le discours, c'est rendre compte de tous les mots qui composent une phrase, en marquant 1.° à quelle partie du discours appartient chaque mot; 2.° avec quelle autre mot il s'accorde, ou bien de quel autre mot il est sujet ou régime, et rendre raison de tout cela, d'après les règles de la Grammaire.

Pour bien analyser, il faut non-seulement savoir distinguer d'un coup d'œil les différentes sortes de verbes et les divers rapports que les mots ont entr'eux; mais encore comprendre parfaitement le sens du discours, et pouvoir suppléer ce qu'il y a de sous-entendu. Dans cette phrase, par exemple : *Je n'ai pas de quoi vivre*, on ne trouvera ni quel est l'antécédent de *quoi*, ni de quel mot *vivre* est régime, à moins qu'on ne supplée, en disant : *Je n'ai pas (le bien) de quoi (je puisse) vivre.* Dans cette autre phrase : *Il a vécu trente ans* ; *trente ans* n'est pas régime de *vivre*, qui est un verbe neutre, mais de la préposition *pendant* sous-entendue : *Il a vécu (pendant) trente ans.* Il en est de même de beaucoup d'autres phrases.

Voici un exemple d'analyse, qui pourra servir de modèle aux commençans :

« Est-il possible que Dieu nous ait tant » aimés, et que nous l'aimions si peu ? Instruits de sa bonté par la foi, les Chrétiens » savent qu'il est disposé à les sauver ; et » que s'ils ne se sauvent pas, c'est qu'ils se » seront refusés eux-mêmes, par la plus » grande des folies, à des biens immortels » que leur Sauveur avoit résolu de leur accorder. »

Est, troisième personne du singulier du présent de l'indicatif du verbe *être* pris impersonnellement.

Il, pronom personnel singulier masculin, sujet de *est*, placé après le verbe, parce qu'on interroge.

Possible, adjectif masculin singulier qui se rapporte à *il*.

Que, conjonction, parce qu'on ne peut pas

le tourner par *quelle chose*, ni par *lequel*, *laquelle*.

Dieu, nom masculin singulier, sujet du verbe *ait aimés*.

Nous, pronom personnel masculin pluriel, de la première personne, régime direct du verbe *aimés*.

Ait aimés, troisième personne du singulier du parfait du subjonctif du verbe actif *aimer*, de la première conjug. qui se rapporte à *Dieu* son sujet. *Aimés* s'accorde avec *nous* son régime direct, parce qu'il en est précédé.

Tant, adverbe.

Et, conjonction.

Que, conjonction.

Nous, pronom pers. plur. masc., de la première pers., sujet du verbe *aimions*.

L' pour *le* pronom pers. sing. masc. qui tient la place de Dieu, et régime direct du verbe *aimions*.

Aimions, première pers. du pluriel du présent du subjonctif du verbe *aimer*, qui se rapporte *à nous* son sujet.

Si, adverbe, et non pas conjonction, parce qu'il peut se tourner par *aussi*.

Peu, adverbe.

Instruits, partic. passé passif du verbe *instruire*, s'accordant avec *chrétiens*, auquel il se rapporte, parce qu'il n'est joint ni au verbe *être*, ni au verbe *avoir*.

De, préposition.

Sa, pronom possessif qui s'accorde avec *bonté*.

Bonté, nom féminin singulier, régime indirect

de *instruits*, par le moyen de la préposition de.

Par, préposition.

La, article sing. fémin. qui se rapporte à *foi*.

Foi, nom fém. sing., régime direct du partic. *instruits*, pris ici dans le sens passif.

Les, article pluriel.

Chrétiens, nom masculin pluriel, sujet du verbe *savent*.

Savent, troisième personne du plur. du prés. de l'indicatif du verbe actif *savoir*, de la troisième conjugaison, qui se rapporte à *chrétiens* son sujet.

Qu' pour *que*, conjonction.

Il, pronom personnel masc. sing. de la troisième pers. tenant la place de Dieu, et sujet du verbe *est disposé*.

Est disposé, troisième pers. du sing. du présent de l'indicatif du verbe passif *être disposé*. *Disposé* s'accorde avec *il*, parce qu'il est employé au passif.

A, préposition.

Les, pronom person. masc. pluriel de la troisième personne, tenant la place de *chrétiens*; et régime direct de *sauver*.

Sauver, verbe actif au présent de l'infinitif, régime indirect de *est disposé*, par le moyen de la préposition *à*.

Tous, pronom indéfini pluriel masculin, qui s'accorde avec le pronom *les*.

Et, conjonction.

Que, conjonction.

S' pour *si*, conjonction.

Ils, pronom personnel, etc., sujet du verbe *se sauvent*.

Ne pas, adverbe.

Se, pronom réfléchi, pluriel masculin de la troisième personne, se rapportant à *chrétiens*, et régime direct de *se sauvent*.

Sesauvent, troisième personne, etc. du verbe réfléchi *se sauver*.

C' pour *Ce*, pronom démonstratif.

Est, troisième personne, etc. qui se rapporte à *ce* son sujet.

Que, conjonction, pour *parce que*.

Ils, pronom personnel, etc. sujet de verbe *se seront refusés*.

Se, pronom réfléchi, etc. régime direct du verbe *se seront refusés*.

Se seront refusés, troisième personne, etc. du verbe réfléchi *se refuser*, qui se rapporte à *ils* son sujet. *Refusés* s'accorde ici avec *se*, parce qu'il en est précédé, et que *se* est son régime direct.

Eux, pronom person., etc. se rapportant à *se*.

Mêmes, pron. indéfini, s'accordant avec *eux*, parce qu'il le suit immédiatement.

Par, préposition.

La plus grande, adjectif au superlatif relatif, lequel s'accorde avec *folie*, sous-entendu.

(*Folie*, sous-entendu) nom féminin singulier régime de la préposition *par*.

Des pour *de les*, préposition et article.

Folies, nom fém. plur. régime de la prép. *de*.

A, préposition.

Des, préposition et article, pour *de les*.

Biens, nom pluriel, etc. régime indirect du verbe *se seront refusés*.

Que, pronom relatif, s'accordant avec *biens* son antécédent, et régime direct du verbe *accorder*.

Leur, pronom possessif, etc s'accordant avec *Sauveur*.

Sauveur, nom., etc. sujet du verbe *avoit résolu*.

Avoit résolu, troisième personne, etc. du verbe actif *résoudre*, se rapportant à *Sauveur* son sujet. *Résolu* est ici invariable; parce que le *que* qui précède n'est pas son régime direct, mais celui de *accorder*.

De, préposition.

Leur, pronom personnel, etc. tenant la place de *chrétiens*, et régime indirect de *accorder*.

Accorder, verbe actif au présent de l'infinitif, régime direct du verbe *avoit résolu*, par le moyen de la préposition *de*. *Avoit résolu quoi? d'accorder*.

CHAPITRE XIV.

DE LA PROSODIE.

LA Prosodie est l'art de prononcer les mots d'une langue, conformément à l'accent et à la quantité. Nous distinguerons les syllabes françaises, en *longues* ou ouvertes, *brèves* ou fermées, et *douteuses*. On appuie fortement sur les premières; on passe légèrement sur les secondes; et les *douteuses* prennent une prononciation déterminée, à raison de leur suite ou de la place qu'occupe le mot qui les renferme. On appelle *féminines* les syllabes terminées par un *e* muet, toutes les autres sont *masculines*.

Première règle.

Les voyelles et les diphtongues affectées d'un accent circonflexe sont longues.

Exemples : bâton, gîte, flûte, croûte, huître, hôte, etc.

Exceptions : dû, *participe du verbe* devoir ; hôtel, hôtesse, hôtellerie, hôpital, *qui se prononcent* hŏtel, hŏtesse, hŏpital.

Deuxième règle.

Les voyelles et les diphtongues finales sont brèves.

Exemples. défĭ, vertŭ, enjeŭ, sofă, trésŏr, ennuĭ, désĭr, attribŭt, etc.

Exceptions : 1.° a, *lettre de l'alphabet, un* ā *de ronde ; il ne sait ni* ā *ni* b.

2.° Fēr, cuillēr, mēr, vēr, amēr, hivēr, *il* ēst.

3.° *Les diphtongues* au *et* eau, *qui sont longues dans toutes les circonstances, le mot* Paŭl *excepté ; prononcez donc ;* joyaŭ, bateaŭ, *il* faŭt, *un* réchaŭd, *le* royaŭme, etc.

Troisième règle.

Les syllabes masculines terminées par une des caractéristiques du pluriel *s*, *x*, *z*, sont longues.

Exemples : Les défīs, *les* vertūs, *les* enjeūx, *les* ennuīs, *les* sūcs, *les* œūfs, *les* contoūrs, *les* noīx ; *une* noix, *le* nēz, *les* nēz, *les* sofās, *vous* aimēz, etc.

Exceptions : Ajăx, Vénŭs, *et tout autre mot où la consonne finale se prononce fortement.*

Les syllabes féminines restent brèves, malgré le *s* final, à l'exception des monosyllabes *les*, *mes*, *tes*, etc., où l'*e* cesse d'être muet et prend un son grave : ce qui fait que l'on prononce ces mots comme s'il y avoit *lès*, *mès*, *tès*, *etc.*

Quatrième règle.

L'*e* muet pur rend longue la syllabe qui précède.

Exemples : Renommēe, vīe, gaīeté *nous* joūerons, etc.

Cinquième règle.

Prononcez brève la syllabe précédant l'*e* muet accompagné, et terminée par une consonne.

Exemples : Jăspe, solécĭsme, sŏtte, pŏmme ; courŏnnement.

Exceptions : 1.° Flāmme *et ses dérivés,*

2.° *Les sons en* aille : funérāille, batāille, murāille, *en exceptant toutefois*, médaille, *je* batăille, *je* détăille, *je* măille, *je* travăille, *à l'affirmatif ; car ces quatre verbes sont longs au subjonctif : il faut* que je travāille, etc.

3.° *Les mots où l'*e *muet est précédé de deux* rr, *ou deux* ss, *comme* bizārre, bizārrerie, bāsse ; grōsse ; fōsse, tērre, *je* fīsse, *je* poūsse, *je* reçūsse, abhōrre. Chăsse *est bref.*

Sixième règle.

Faites brèves les syllabes précédant l'*e* muet accompagné, lorsqu'elles sont terminées par une voyelle et une diphtongue.

Exemples : Souverăineté, avoĭne, jeŭne, rapĭde, mĕnăgement.

Exceptions : 1.° Grāce, espāce, escādre, āme, infāme, *les* mānes, *la* haīne, rēgne, zēle, scēne, *je* rōde, drōge, mōle, cīre, vivre, meūle, poūtre, etc.

2.° *Tous les noms en* able, sāble, fāble, diāble, tāble.

3.° *Tous les sons en* abe, abre, acle et ave : astrolābe, cinābre, mirācle, rāve, grāvement.

4.° *Tous les sons en* ége *et* ème : piēge, problēme ; thēme, etc. *Faites moyen l'*e *de* sēme deuxiēme, deuxièmement, *et des autres adjectifs numéraux en* ième.

5.° *Tous les sons en* ève, ive, ome, *et* one : alternativement, perspective, Genève, fève, monotône, Pomône, gnôme. *Faites* Rôme *bref*.

6.° *Tous les sons en* oudre, oivre, ouille, *et* oule : foûdre, poivre, brouillerie, quenouille, écroûlement, foûle.

Septième règle.

Les nasales sont brèves quand elles se forment par une seule voyelle; et longues lorsquelles sont formées par plusieurs.

Exemples : Turbăn, chansŏn, prudĕnt, dĭvn, faĭm, paĭn, besoĭn, etc.

Exceptions à la première partie de la règle : toutes les terminaisons en ant, *lesquelles sont longues, comme* garānt, amānt, etc.

Exceptions à la seconde partie de la règle : toutes les terminaisons en ein *et* ien, *lesquelles sont moyennes ou brèves, comme* desseĭn, atteĭnt, bĭen.

Huitième règle.

Toutes les nasales sont longues devant une syllabe féminine.

Exemples : Chāmbre, plānte, pīnte, plaīnte, diffērente, etc.

Neuvième règle.

Toute syllabe masculine est brève lorsqu'elle est suivie d'une autre syllabe masculine, comme dans *aménité*. La première syllabe *a* est brève, à cause de la syllabe masculine suivante *mé*; celle-ci est brève à cause de *ni* qui suit; et *ni* est bref à cause de *té*.

D'après cette règle de notre prosodie, on ne doit pas faire long l'*a* des mots *modération*, *conversation*, etc.

Prononcez mŏdĕrātĭon, consĭdĕrātĭon, nātĭon, etc. *et non* modĕrātion, (1) nātion, etc.

Exceptions : Clāsser, pāsser, dāmner, pāssion, compāssion, poīsson, *et quantité de mots à double* rr *et à double* ss.

REMARQUE. Les simples et les dérivés, les composés et les primitifs suivent la même valeur prosodique ; ainsi *a* s'alongeant dans *damner*, on prononcera :

Condāmner, condāmnable, condāmnation.

Observez aussi que si la syllabe masculine s'alonge devant une autre masculine, elle sera longue à plus forte raison, s'il suit une syllabe féminine. Ainsi, par exemple, si *o* est long dans *grossier*, il doit encore mieux se faire sentir dans *grosse*.

Dixième règle.

Toute syllabe pénultième est longue, lorsqu'elle est suivie d'un z, ou d'un *s* ayant le son du z.

Exemples : Blāson, gāze, cloīson, plaīsir, faīsan, ōser, *il* compōse, rūsé.

Il y a des mots à syllabes douteuses, et l'on doit très-peu appuyer en les prononçant, quand ces mots veulent être prononcés de

(1) Nous savons très-bien que grand nombre de beaux parleurs vont se récrier sur cette prononciation ; nous savons que cette règle est opposée au sentiment de M. Domergue, dans sa *Grammaire simplifiée ;* mais nous avons cru devoir suivre la règle générale, et adopter la prononciation indiquée par le *Dictionnaire grammatical*, jusqu'à ce que le tribunal de la langue ait prononcé. (*Note de l'Editeur.*)

suite avec les suivans. C'est ainsi que l'on prononcera légèrement l'*a* de *brave*, si ce mot est au milieu d'une phrase; on l'alongera davantage si le mot *brave* termine la phrase.

Exemples :

C'est un brăve *homme.*
Cet homme est brâve.
Le délŭge *universel.*
Rien n'est mieux prouvé que le délûge.

L'usage et la fréquentation des personnes qui parlent bien, en apprendront plus que toutes les règles.

OBSERVATION.

Nous finirons ce chapitre en disant un mot sur la lecture.

Lorsqu'on a bien appris à prononcer les mots, suivant les règles de la prosodie, il est un point important à observer dans la lecture, c'est d'énoncer clairement et avec précision les mots ordinaires, et d'appuyer diversement, selon les diverses circonstances, sur les mots saillans de la phrase. Non-seulement le lecteur rompra, par ce moyen, la monotonie de la phrase; mais il dirigera adroitement sur l'auditeur, le trait qui s'adresse à son esprit, à son imagination, à son cœur.

Dans la fable du *Cerf-volant*, l'aigle dit à l'oiseau prétendu :

. . . . . Etranger assez leste,
Je t'aurois cru né dans ces lieux ;
Mais *ce ton insolent*, que tout vrai grand déteste,
Ce fil *un peu terreux*, à ta suite emporté,
Ont démenti ton air céleste,
Et m'ont appris la vérité.

Les mots, *ce ton insolent*, *un peu terreux*, réclament l'appui de la voix. *Un peu terreux*, surtout, est une image qu'il seroit bien maladroit de ne pas faire sentir particulièrement.

CHAPITRE XV.

NOTIONS ABRÉGÉES SUR LA VERSIFICATION FRANÇAISE. *

Les *Vers*, à ne considérer que leur structure, sont des paroles arrangées selon certaines règles.

Ces règles regardent 1.° le nombre des syllabes; 2.° la césure; 3.° la rime.

Du nombre des Syllabes.

Il y a en français, différentes sortes de vers que l'on distingue principalement par le nombre de syllabes dont ils sont composés.

1.° Les vers de douze syllabes ou grands vers, comme :

Ce—lui qui met un frein à la fu—reur des flots,
Sait aus—si des mé—chans ar—rê-ter les com—plots.

2.° Les vers de dix syllabes, comme :

Mais à l'ex-cès le dé-sor-dre por-té,
Ré-veille en-fin la jus-te vé-ri-té.

---

* On ne verra que ce qui est nécessaire pour savoir distinguer les vers de la prose : c'en est assez pour les jeunes gens qui, dans le cours de leurs études, ont souvent des vers à apprendre ou à lire; mais qui ont quelque chose de plus intéressant à faire que d'en composer. (*Note de l'Editeur.*)

3.° Les vers de huit syllabes, comme:

Au bas du cé–lè–bre val–lon,
Où rè–gne le doc–te A–pol–lon.

4.° Les vers de sept syllabes, comme:

Et jus-te-ment en-chan-té
De la belle an-ti-qui-té.

5.° Les vers de six syllabes, comme:

A soi-même o-di-eux,
Il se trouve en tous lieux.

Telles sont les cinq principales sortes de vers, et les plus usitées.

De la Césure.

La *césure* est un repos qui coupe le vers en deux parties, qu'on nomme *hémistiches*.

La césure, dans les vers de douze syllabes, doit être après la sixième syllabe. Boileau en a donné tout-à-la-fois le précepte et l'exemple dans ces deux vers:

Que toujours en vos vers–le sens coupant les mots,
Suspende l'hémistiche, – en marque le repos.

La césure, dans les vers de dix syllabes, doit être après la quatrième syllabe; elle partage le vers en deux hémistiches inégaux, l'un de quatre syllabes, l'autre de six.

Exemple:

Votre sagesse, – ô divine Pallas,
Ne doit point être – où l'équité n'est pas.

Les vers qui ont moins de dix syllabes, n'ont point de césure.

De la Rime.

La *rime* est la ressemblance ou l'uniformité

de deux sons qui terminent deux vers; comme le son *eur* dans les deux vers suivans :

C'est en vain qu'au Parnasse un téméraire au*teur*.
Pense de l'art des vers atteindre la hau*teur*.

On distingue deux sortes de rimes, la féminine et la masculine. La rime féminine est celle des vers qui se terminent par un *e* muet, soit seul, soit suivi de *s* ou de *nt*.

Exemples :

Travaillez à loisir, quelque ordre qui vous presse;
Et ne vous piquez pas d'une folle vitesse. . . . .
Un jeune homme toujours bouillant dans ses caprices,
Est prêt à recevoir l'impression des vices. . . . .
Vous êtes jeune encor : mais aux ames bien nées,
La vertu n'attend pas le nombre des années. . . ,
C'est peu qu'en un ouvrage où les fautes fourmillent,
Des traits d'esprit semés de temps en temps pétillent.

La rime masculine est celle des vers qui se terminent par toute autre lettre que l'*e* muet, ou seul ou suivi de *s* ou de *nt*.

Jadis l'homme vivoit, au travail occupé,
Et ne trompant jamais, n'étoit jamais trompé. . . . .
Hâtons-nous, le temps fuit et nous traîne avec soi :
Le moment où je parle est déjà loin de moi.

Les vers féminins ont une syllabe de plus que les vers masculins : mais comme l'*e* muet sonne foiblement dans la syllabe qui termine les vers, cette syllabe est comptée pour rien.

Les verbes terminés par *oient* ou *aient*, forment une rime masculine, parce que cette syllabe a le son de l'*e* ouvert. Ainsi la rime est masculine dans les vers suivans :

Aux accords d'Amphion les pierres se mouvoient,
Et sur les murs Thébains en ordre s'élevoient.

On appelle vers à rimes plates, ceux où deux rimes masculines sont suivies de deux féminines ; celles-ci de deux masculines, et ainsi de suite comme dans ces vers :

Hélas ! avant ce jour qui perdit ses neveux,
Tous les plaisirs couroient au-devant de ses vœux :
La faim aux animaux ne faisoit point la guerre ;
Le blé, pour se donner, sans peine ouvrant la terre,
N'attendoit point qu'un bœuf pressé par l'aiguillon,
Traçât à pas tardifs un pénible sillon.
La vigne offroit partout des grappes toujours pleines ;
Et des ruisseaux de lait serpentoient dans les plaines.

On appelle vers à rimes croisées, ceux où les rimes féminines et masculines sont entremêlées, comme dans les vers suivans :

Mondain, ta grandeur toute entière,
S'anéantit dans le tombeau ;
L'instant où finit ta carrière,
Du juste est l'instant le plus beau.
La paix règne sur son visage,
Son cœur est embrasé d'amour ;
Sa vie a coulé sans nuage,
Sa mort est le soir d'un beau jour.

Nous finirons par ces vers de Boileau, qui serviront de conclusion à notre ouvrage.

Surtout qu'en vos écrits la langue révérée,
Dans vos plus grands excès vous soit toujours sacrée
En vain vous me frappez d'un son mélodieux,
Si le terme est impropre, ou le tour vicieux,
Mon esprit n'admet point un pompeux barbarisme,
Ni d'un vers ampoulé l'orgueilleux solécisme ;
Sans la langue, en un mot, l'auteur le plus divin
Est toujours, quoi qu'il fasse, un méchant écrivain.

TABLE DES MATIERES.

Fin de la Table des Matières.

www.ingramcontent.com/pod-product-compliance
Ingram Content Group UK Ltd.
Pitfield, Milton Keynes, MK11 3LW, UK
UKHW020332230726
13925UKWH00002B/749